W0013220

Tom Abendstern

Tagebuch
eines Lkw-Fahrers

Engelsdorfer Verlag
2010

Bibliografische Information durch die Deutsche Nationalbibliothek: Die Deutsche Nationalbibliothek verzeichnet
diese Publikation in der Deutschen Nationalbibliografie;
detaillierte bibliografische Daten sind im Internet über
http://www.d-nb.de abrufbar.

ISBN 978-3-86901-769-3

9,00 Euro (D)

Inhaltsverzeichnis

Vorab

Vorwort

Liebe Leserin, lieber Leser,

bevor Sie nun mein Buch lesen, möchte ich Ihnen zur Entstehung und zum Inhalt einen kurzen Überblick verschaffen. Den Beruf des „Lkw-Fahrers" möchte ich Ihnen zudem ein kleines Stück näher bringen, da dieses Image leider sehr angekratzt ist und einen sehr, sehr schlechten Ruf besitzt. Zu Unrecht, durch Unwissenheit und Vorurteile. Es gibt natürlich auch schwarze Schafe, die erheblich dazu beitragen, diesen Ruf komplett zu ruinieren. Leider lässt sich das nicht verleugnen. Doch es ist zum Glück nur eine geringe Minderheit, die aus dem Rahmen fällt. Die meisten Fahrer machen einen ordentlichen Job und das, trotz aller widrigen Umstände, sehr gerne. Schließlich bietet sich die Möglichkeit, viele ferne Länder und Kulturen kennen zu lernen, und so lässt sich manch einer gerne vom Lockruf der großen weiten Welt verführen.

Der große Traum von Freiheit und Abenteuer – wer kennt ihn nicht?! Ihn tatsächlich zu leben, liegt nur allein an einem selbst. Viele leben ihren Traum, indem sie aussteigen oder zur See fahren. Wieder andere trampen per Rucksack um den Globus oder machen auf Großwildjäger in Afrika. So hat jeder seine Ideen und Vorstellungen. Mir dagegen machte es Spaß, per Lkw die Welt zu entdecken. Zwar habe ich nicht den gesamten Planeten bereist, aber dennoch festgestellt, dass auch ein einzelner Kontinent ausreichen kann, den Bedarf an Abenteuern zu decken.

Jene Erfahrungen durfte ich machen, als ich im Spätsommer 1995 in den Güterfernverkehr einstieg und auf große Fahrt ging. Ein Traum wurde wahr und zuweilen sogar zum Albtraum. Meine Erlebnisreise bescherte mir die undenkbarsten Situationen, und mir zeigte sich das Leben von einer seiner kreativsten Seiten.

Im Dezember 2006 musste ich meinen Job als Lkw-Fahrer aus gesundheitlichen Gründen leider aufgeben. Ich denke oft an diese Zeit zurück, und meine Erinnerungen daran haben mich dazu bewogen, dieses Buch zu schreiben. Auch wenn damals einige Situationen etwas dramatisch waren, so kann ich doch heute gut darüber lachen.

Ich hoffe, dass auch Sie Ihre Freude haben und Ihnen meine Anekdoten gefallen werden.

Einleitung

Gehasst, geliebt, mit einem Bein im Grab und mit dem anderen im Knast. So kann man den Beruf „Lkw-Fahrer" beschreiben. Langweilig – werden Sie jetzt vielleicht denken. Doch dieser Job ist alles andere als langweilig, und es steckt viel mehr dahinter, als man glaubt. Die wenigsten wissen wirklich, was einem als Lkw-Fahrer abverlangt wird, oder wollen es nicht wissen.

Natürlich hat dieser Beruf nicht nur Schattenseiten, sonst würde ihn wohl kaum einer machen. Irgendwo gibt es doch noch einen leichten Hauch von Freiheit und Abenteuer. Auch wenn er nach und nach schwindet. Ein kleines

Stück weit sind Lkw-Fahrer immer noch ihr eigener Herr. Sie fahren ihre Touren durch ferne Länder, über Berg und Tal, kommen viel umher, sehen und erleben einiges. Wenn sie Tag für Tag auf der Autobahn vorbeiziehen, fragt sich so mancher, wohin ihr Weg wohl führen mag.

Viele Menschen haben Respekt vor den großen Ungetümen und denen, die sie fahren. Einige lassen es sich nicht nehmen und winken den Lkws fröhlich zu. Ich persönlich habe mich immer darüber gefreut. Es sind auch diese kleinen Anerkennungen, die diesen Job ausmachen. Doch zu welchem Preis? Der Schein ist trügerisch. Oft genug sieht man auf der Autobahn oder erfährt durch die Medien, dass es mal wieder einen Lkw-Unfall aufgrund von Übermüdung gab. Doch von den Spediteuren, von denen der Druck ausgeht, redet niemand. Und so ist schnell ein Sündenbock gefunden, der für alles, was schief geht, herhalten muss. Dass kein Fahrer zum Spaß so lange fährt, bis er vor Müdigkeit rosa Elefanten sieht, interessiert keinen Menschen. Ich selbst kann mich auch nicht davon frei reden und habe schon mehr als genug rosa Elefanten und dergleichen halluziniert. Doch diese Horrorerlebnisse resultieren aus dem Zeitdruck der Spediteure, die letztlich die Termine von den Kunden vorgegeben bekommen. Um König Kunde nicht zu verlieren, werden die Fahrer geschliffen und verschlissen, wo es nur geht.

Natürlich kann man sich wehren und sagen: „Nein Chef, mach ich nicht." Aber wer will schon seinen Arbeitsplatz verlieren? „Friss oder stirb!" heißt das Motto. Es ist ein ständiges Rennen gegen die Zeit, das keiner gewinnen kann. Tag und Nacht, rund um die Uhr. Der pure Wahnsinn! Die meiste Zeit geht noch nicht mal auf der Autobahn verloren, sondern bei den Kunden vor Ort. Oftmals dauert es stundenlang, bis be- oder entladen werden darf. Die Abfertigung der Lieferpapiere tut dann ihr Übriges.

Viele Unternehmen setzen Zeitfenster an, um entsprechend koordinieren zu können. Schafft man es nicht rechtzeitig, weil z. B. ein Stau dazwischen kam, steht man bis zum nächsten Morgen vor der Tür. Die Zeit, die dadurch verloren geht, lässt sich nie mehr einholen. Der Konkurrenzkampf ist mittlerweile so groß, dass es deutschen Spediteuren immer schwerer fällt, tragbare Anschlussladungen zu bekommen. Dank EU-Osterweiterung und neuer Konzessionen fahren uns die osteuropäischen Kollegen mit ihren Billigtarifen die hiesigen Preise in den Keller. Eine weitere Ursache ist in der bei Deutschen sehr beliebten Geschäftemacherei zu finden. Und so kommt eins zum anderen.

Die Fernfahrerromantik ist schon lange Geschichte. Doch gibt es Menschen, die all das nicht sehen und Lkw-Fahrer aus purer Abneigung auf das Übelste beschimpfen und verachten. Der ausgestreckte Mittelfinger ist nur eine von vielen Gesten. Selbst in sehr vielen deutschen Firmen werden Lkw-Fahrer wie der letzte Dreck behandelt. Vom „faulen Schwein" bis zum „asozialen Pack" müssen sich die Jungs immer wieder die bittersten Beleidigungen anhören. Das ist ärgerlich und demütigend zugleich. Mit der Zeit bekommt man zwar ein dickes Fell und wird

12

gelassener. Den eiskalten Hass jedoch, den ich oft genug erlebt habe, werde ich nie verstehen.

Viele Verbraucher sollten sich einmal vor Augen halten, dass schließlich jeder Lkw-Fahrer zum Erhalt der Wirtschaft beiträgt und somit den oftmals unnötigen Luxus erst möglich macht, den wir in Deutschland genießen dürfen. Ohne Lkws wäre so mancher Kühlschrank leer und bliebe so mancher Pkw stehen. Zeitungen könnten gar nicht erst gedruckt werden und Flugzeuge nicht in die Karibik fliegen. Wer sieht denn schon den Lkw als Nutzfahrzeug und nicht als Hindernis an? Wer sieht die harte Arbeit? Wer sieht den Stress der Fahrer von Kühlzügen, die das Wochenende durchfahren, damit man montags im Supermarkt frischen Salat kaufen kann? Und die Hetzerei der Postfahrer, damit die Briefkästen allmorgendlich voll sind? Oder die Plackerei der Müllabfuhr, damit niemand in seinem eigenem Unrat ersticken muss?

Leider sehen es viel zu wenige! Die Bahn kann nur einen Teil der Transporte durchführen und erreicht noch längst nicht jeden Ort, da wohl kaum jemand einen eigenen Güterbahnhof vor der Haustür hat. Tausende von Lkws rollen täglich für unser aller Wohl über die Straßen, aus nah und fern, von Ost nach West und von Küste zu Küste, kreuz und quer durch Deutschland und Europa. Schließlich will keiner auf seinen gewohnten Lebensstandard verzichten. Ist die Autobahn voll mit Lkws und kein Durchkommen für Pkws gegeben, ist das Geschrei groß. Aber wären die Regale leer, wäre das Geschrei noch viel größer. Lkw-Fahrer sollen es immer jedem recht machen.

Das kann nicht funktionieren und sollte jedem einleuchten. Nur liegt es leider auch an unserer Gesellschaft, dass dieser Job und die Jungs die ihn machen, nicht überall gern gesehen sind. Doch resultiert eben diese Tatsache aus Unwissenheit und Vorurteilen, ohne dass jemals darüber nachgedacht wurde. Und so singen viele das gleiche Lied, ohne überhaupt den Text zu kennen. Es wäre nur fair, würde jeder einzelne mehr Rücksicht nehmen und mehr Verständnis zeigen. Letztendlich profitieren alle dadurch und können ihren eigenen Nutzen daraus ziehen.

Ich möchte an alle Leser und Verkehrsteilnehmer appellieren, auf ein gemeinsames Miteinander zu achten. Auch untereinander, egal ob Lkw, Pkw oder Motorrad. Gemeinsam läuft der Verkehr sicherer. Und wenn Sie, liebe Leserin, lieber Leser, mal wieder hinter einem Lkw fest hängen und nicht weiterkommen, ärgern Sie sich bitte nicht. Der Kollege vor Ihnen hat weniger Zeit als Sie. Haben Sie Verständnis. Er macht für uns alle nur seinen Job!

Im Namen aller Kollegen, die da draußen unterwegs sind, möchte ich mich für Ihr Verständnis ganz herzlich bedanken. Ich wünsche allen Lkw-Fahrern eine gute Fahrt – und kommt sicher nach Hause!

Ihr seid die Besten!!!

Technische Infos

Zum besseren Verständnis möchte ich allen Nicht-Lkw-Fahrern noch kurz erläutern, wie sich die folgenden Unterteilungen zusammensetzen. Meine Erzählungen habe ich separiert, da es sich um zwei Arten von Transportmitteln handelt. Zum einen um Fahrzeugaufbauten mit Plane und Spriegel und zum anderen um Kipperaufbauten. Um die Laien unter den Lesern nicht zu irritieren, erscheint mir diese Unterteilung sinnvoll.

Der Spriegel lässt sich am einfachsten mit einem Gestänge für Campingzelte vergleichen, auf dem die Plane angebracht ist und somit die Ladefläche abdeckt. Natürlich sind die Spriegel um einiges robuster als Zeltgestänge und bestehen aus Vierkantstahlrohren. Bei neueren Aufbauten auch des Öfteren aus verstärktem Aluminium, wodurch das niedrigere Gewicht eine etwas höhere Ladekapazität erlaubt. Das Fahrzeug, mit welchem ich meine Touren durchführte, stellte einen Gliederzug dar, also Lkw mit Anhänger.

Der Kipperaufbau erklärt sich eigentlich von selbst, aber auch hier möchte ich gerne ein paar Worte hinzufügen. Kipperfahrzeuge werden nicht nur im Baustellen-, sondern auch im Fernverkehr eingesetzt, um Schüttgüter aller Art zu transportieren, von Kartoffeln über Briketts bis hin zum Sondermüll. Die Kapazität für Kipper im Fernverkehr beträgt in der Regel – je nach Bauart und Material – (Stahl oder Aluminium), etwa 40 – 60 Kubikmeter. Damit die jeweiligen Ladungen nicht durch Regen unbrauchbar werden oder vom Fahrtwind wegwehen bzw. herunterfallen, sind die Kipperaufbauten mit einer Plane versehen, die über die Ladefläche gezogen wird. Die Schüttgut-Transporte verrichtete ich per Kippsattelzug. Das heißt, mit einer kleinen Zugmaschine (etwa 4 Meter lang) und einem Sattelauflieger, also einem längeren Anhänger, der auf der Sattelkupplung des Lkws aufliegt.

Ich hoffe, dass Ihnen meine Erläuterungen verständlich sind und Ihnen beim Lesen hilfreich sein können.

Transporte mit Plane und Spriegel

Übermut tut selten gut

Die Sonne lachte, als ich an einem milden Frühlingstag die deutsch-tschechische Grenze nach Bayern überquerte. Mein Weg führte mich von Pilsen ins Breisgau. Die Autobahn war kaum befahren, und ich kam gut voran. Ein ruhiger Tag, wie man ihn sich wünscht. Ein Blick auf die Uhr sagte mir, dass es an der Zeit war, eine Stunde Pause einzulegen. Wenige Kilometer später entdeckte ich einen Autohof. Da es auf Mittag zu ging und ich etwas Hunger verspürte, lenkte ich meinen Laster von der Piste, steuerte den Autohof an und rollte auf den großen, kaum belegten Parkplatz. Den Brummi geparkt und abgeschlossen, schlenderte ich gemütlich zum Rasthaus rüber. Der rustikal eingerichtete Innenraum des Lokals lud zum Verweilen ein. Nur einige wenige Tische waren von einer Handvoll Lkw-Fahrern belegt.

Ich setzte mich an einen Tisch, von dem aus man das ganze Lokal überblicken konnte. Ein Logenplatz, wie sich zeigen sollte.

Eine Kellnerin brachte mir die Speisekarte und eine Tasse Kaffee. Den benötigten Koffeinschub hatte sie mir wohl angesehen. Ich gab meine Bestellung auf und genoss die Mittagspause. Mich zurückgelehnt und eine Zigarette angezündet, beobachtete ich das Geschehen in der Raststätte. Zwei Typen betraten das Gasthaus und orderten beim Reinkommen zwei Kaffee. Die beiden setzten sich an einen Tisch am Fenster, aus dem sie immer wieder nach draußen sahen. „Irgendwas stimmt nicht mit den beiden",

19

ging es mir durch den Kopf. Zwischenzeitlich brachte mir die Kellnerin mein Jägerschnitzel, welchem ich mich hungrig widmete. Die beiden Typen behielt ich jedoch weiter im Auge.

Wenige Minuten später öffnete sich die Eingangstür des Lokals erneut. Ein Lkw-Fahrer betrat den Gastraum. In seiner linken Hand hielt er eine große, prall gefüllte Plastiktüte. Auffallend unauffällig sah er sich im Raum um. Dieses Verhalten regte das besondere Interesse der beiden Typen am Fensterplatz an. Die Zwei ließen den Kollegen fortan nicht mehr aus den Augen. Er sah sich noch ein wenig um, bis er schließlich zum ersten Tisch trat und den Gast anquatschte: „Hey, willst du billige Zigaretten kaufen?" Während er fragte, öffnete er seine Tüte, aus der unzählige Zigarettenstangen quollen. Doch der Mann war Nichtraucher und lehnte dankend ab. Die zwei Typen jedoch bekamen plötzlich dieses Leuchten in die Augen, das kleine Kinder haben, wenn der Weihnachtsmann da gewesen war. Der Zigarettenmann ging nichtsahnend und guter Dinge zum nächsten Gast und fragte auch ihn, ob er ein Schnäppchen machen wolle. Der lehnte aber ebenfalls ab: „Danke nein, hab mir erst welche gekauft." So führte ihn sein Weg auch zu mir: „Willst du günstige Kippen?"
„Nee, meine reichen mir noch 'ne Weile", ließ ich ihn wissen.

Schließlich ging er zu den beiden am Fenster, deren Augen immer mehr leuchteten und strahlten. „Hey, Kollegen", fing er an, „wollt ihr günstige Kippen? Ich lass' sie euch für die Hälfte", meinte er großspurig. „Ja klar. Zeig mal, was du anzubieten hast", sagte einer von beiden.

„Aber gerne doch", freute sich der Schmuggler und packte fröhlich die Glimmstängel aus. „Boah!", staunten sie fragend: „Hast du noch mehr davon?" Dumm und großkotzig die Antwort: „Ja, ja, in meinem Laster hab ich noch über 20 Stangen."

„Hört sich gut an, die nehmen wir alle", grinsten die beiden. „Habt ihr denn soviel Kohle dabei?"

„Selbstverständlich", gaben sie zur Antwort und zückten ihre Dienstausweise: „Wir sind Zollfahnder, und du hast jetzt ein paar Probleme", bekam er zu hören.

Plötzlich war es totenstill. Alle Gäste glotzten zu dem Trio rüber, und so manch einer konnte sich ein Grinsen nicht verkneifen. In diesem Moment wusste ich nicht, was mich mehr faszinierte: die Dummheit des Schmugglers oder die plötzlich umgeschlagene Atmosphäre. Wie dem auch sei, er bekam keinen Ton mehr raus und war wie versteinert. Die Zöllner hingegen hatten ihre helle Freude. Sie packten die Zigaretten zusammen und verließen mit dem Kollegen im Schlepptau das Lokal. Nach der amüsanten Vorstellung bestellte ich noch einen Kaffee und erquickte mich an dem soeben Erlebten. Als ich fertig war und bezahlt hatte, verließ ich ebenfalls das Rasthaus. Auf dem Weg zu meinem Lkw konnte ich noch kurz beobachten, wie die Zöllner den Laster des Kollegen auf den Kopf stellten.

21

Aber das konnte mir egal sein. Mein Ziel hieß Breisgau, und meine Fahrt dorthin ging weiter.

Grenzenlos

Ich befand mich auf dem Rückweg von Neapel, hatte die Alpen hinter mir gelassen und näherte mich dem Grenzübergang Rheinfelden von der Schweiz nach Deutschland. Die Sonne brannte heiß an diesem Tag. Schon beim Ansteuern auf den Zollhof fiel mir auf, dass es nur schleppend über die Grenze ging und sich die Lkws in einer endlosen Spur anreihten. „Mal wieder Dienst nach Vorschrift", dachte ich mir. Den Lkw geparkt, begab ich mich ins Zollbüro, um meine Ladung zu deklarieren. Die Bearbeitung der Frachtpapiere verlief zügig, so dass ich kaum Zeitverlust hatte. Ich verließ das Büro, und auf dem Weg zu meinem Laster wurde mir klar, dass die Ausreise etwas länger dauern würde. Die Lkw-Schlange zog sich mittlerweile über das gesamte Zollgelände.

Wieder in meinem Führerhaus, fuhr ich gemächlich los und stellte mich am Stauende an. Die Fahrer waren verständlicherweise alle sehr aufgebracht. Um auf den neusten Stand zu kommen, stieg ich aus und ging nach vorne zu den Kollegen: „Hallo, was ist denn hier los, machen die 'n Kaffeekränzchen?"
„Keine Ahnung, was da vorne wieder ab geht. Über Funk hab ich gehört, dass einige Kollegen schon seit 'ner Stunde

22

hier rum machen." Wenig begeistert darüber, lästerten wir über die gestressten Staatsdiener ab. Stück für Stück ging es langsam weiter, und uns allen lief die Zeit davon.

Nach etwa zwei Stunden kam der Grenzübergang endlich näher. Ungläubig sah ich nach vorne, wo sich ein riesiges Aufgebot von Zöllnern, Polizei und Schweizer Militär versammelt hatte. Ich machte große Augen und murrte: „Was soll das denn, sind die verrückt geworden?!" Die Beamten nahmen jeden Lkw peinlichst genau unter die Lupe. Nach einigem weiteren Warten kam auch ich an die Reihe. Mit ernster Miene kam ein Zöllner in Begleitung zweier Grenzpolizisten zu mir:
„Steigen Sie bitte aus. Stellen Sie sich an die Seite und leeren Sie ihre Hosentaschen! Fahren Sie alleine?"
Ich nickte ihm zu und fragte: „Was ist denn hier los?"
„Das geht Sie nichts an! Machen Sie die Arme auseinander und spreizen Sie die Beine!" Wie ein Schwerverbrecher wurde ich durchsucht. In der Zwischenzeit machten sich zwei schwer bewaffnete Militärs daran, meinen Lkw auseinander zu nehmen. Sie stellten die Fahrerkabine komplett auf den Kopf. Dann forderten sie mich auf, die Ladefläche zu öffnen. Zwei weitere Zöllner stießen hinzu und kletterten hinten drauf. Die beiden Militärs gingen in Abwehrstellung und richteten ihre Waffen zur Ladefläche. Es dauerte eine ganze Weile, bis die beiden Zöllner wieder raus kamen. Einer rief seinen Kollegen zu: „Der ist sauber." Nachdem die Vorstellung beendet war, durfte ich meinen Laster wieder zumachen und zum Schlagbaum

23

vorfahren. In der Kabine sah es aus, als wäre eine Herde Elefanten durchgelaufen. Ich fuhr also weiter, vorbei an zig bewaffneten Sicherheitskräften, von denen jeder mit düsterem Blick in mein Führerhaus spähte.

Am Schlagbaum angekommen, gab ich meinen Laufzettel ab und überquerte die Grenze nach Deutschland. Doch hier sah es nicht besser aus. Unzählige Beamte von Zoll, Polizei und Bundesgrenzschutz hatten die Grenze belagert. Und auch hier ging dasselbe Spiel von vorne los. Mit dem Unterschied, dass die deutschen Grenzer sich mit mir und der Kabine zufrieden gaben. Nachdem nun auch mein Ausweis zum hundertsten Mal kontrolliert war, konnte ich endlich meine Tour fortsetzen. Das ganze Spektakel hatte mich drei Stunden meiner knappen Zeit gekostet. Auf meiner weiteren Fahrt erfuhr ich über Funk, dass in der Schweiz wohl ein Sträfling ausgebrochen war, der sich vermutlich ins Ausland absetzen wollte. Aber wie auch immer, es war mal wieder ein Erlebnis der besonderen Art.

Andere Länder, andere Sitten

Der Kalender zeigte den Spätsommer 1997 an, als ich zu meiner ersten Tour nach England aufbrach. Ich war neugierig darauf und freute mich schon sehr auf das königliche Inselreich. Eine Ladung Gartenmöbel aufgenommen, führte mich die Autobahn nach Calais, um von dort nach Dover überzusetzen. Nach einigen Stunden Fahrtzeit gelangte ich an den Fährhafen am Ärmelkanal.

24

Stark beeindruckt von dem riesigen, gut organisierten Areal, begab ich mich zur Lkw-Abfertigung. Mein Ticket gelöst, fuhr ich zu der mir zugeteilten Wartespur. Nach einer guten Stunde waren alle Fahrzeuge auf der Fähre geparkt und gegen ein mögliches Wegrollen gesichert, als das Schiff ablegte.

Die Überfahrt verlief sehr ruhig, und knapp anderthalb Stunden später lief der Dampfer in Dover ein. Gespannt, was mich erwarten würde, verließ ich in einer endlosen Lkw-Schlange die Fähre. Wieder festen Boden unter den Rädern, fiel mir gleich die relativ schlechte Beschilderung auf, und die Orientierung war dementsprechend schwer. Da es keine Parkmöglichkeiten gab, musste ich zusehen, auf Anhieb die richtige Ausfahrt zu erwischen. In dem kleinen, verwinkelten Hafen stellte sich dies als Hürdenlauf dar, zudem ich mich auf den Linksverkehr einschießen musste. Den Irrgarten und Dover hinter mir gelassen, steuerte ich den nächsten Parkplatz an, um einen Blick in die Karte zu werfen. Prompt stellte ich fest, mich auf der falschen Straße zu befinden. Den richtigen Kurs wieder eingeschlagen, gelangte ich immer weiter ins Landesinnere, bestaunte die Landschaft und ließ mich vom Linksverkehr faszinieren. Na ja, ein wenig unwohl war mir schon dabei, auf der „falschen" Straßenseite zu fahren. Sehr vorsichtig steuerte ich meinen Lkw über den Asphalt. Anfangs noch ungewohnt, kam ich jedoch recht schnell mit der neuen Situation klar.

Eine Weile ohne Gegenverkehr allerdings führte dazu, dass ich die Orientierung verlor. Erschrocken darüber, auf der linken Spur zu fahren, wie es in England üblich ist, riss ich mein Lenkrad rum und steuerte auf die gewohnte rechte Straßenseite zu. Wieder beruhigt und erleichtert, meinen vermeintlichen Fehler bemerkt zu haben, fuhr ich nun entspannt weiter. Minuten später sah ich von weitem einen Pkw auf mich zukommen. Plötzlich kam ich ins Grübeln: „Hm, eigentlich fahre ich ja doch auf der falschen Seite... Ob der da vorne weiß, dass hier Linksverkehr ist?" Mittlerweile völlig verunsichert, lenkte ich hin und her und wusste nicht mehr so recht, auf welcher Straßenseite ich nun fahren sollte. Den Fuß vom Gaspedal genommen, bremste ich meinen Laster langsam ab und begab mich wieder auf die linke Spur. Fest in meinem Blick, näherte sich der Pkw mehr und mehr. Erleichtert stellte ich fest, dass die linke Fahrspur die richtige war, und beschleunigte wieder auf Normalgeschwindigkeit. Daraus gelernt, setzte ich meine Fahrt etwas umsichtiger fort und kam gut an meinem Ziel an. Der Pkw-Fahrer hätte es aber sicherlich eher mit typischem englischen Humor genommen. Wie ich bei vielen weiteren Touren in England feststellen durfte, sind Engländer sehr verständnis- und rücksichtsvolle Verkehrsteilnehmer sowie sehr hilfsbereit gegenüber anderen Autofahrern, unabhängig von Nationalität oder Fahrzeugtyp.

Pleiten, Pech und Pannen

Es war mein letzter Urlaubstag, als Freitagvormittags das Telefon klingelte. Mein Häuptling war dran: „Komm am Montag mal ins Büro. Hab 'nen Sonderauftrag für dich." Mir schwante nichts Gutes bei dieser Aussage. Nach einem entspannten Wochenende fuhr ich montags in die Firma. Im Büro angekommen, erklärte mein Disponent: „Du hast 'ne ruhige Woche vor dir. Wir haben den alten Lkw verkauft. Der muss komplett mit Anhänger nach Osnabrück. Ein Kollege nimmt dich von da wieder mit heim. Den Rest der Woche bleibst du hier in der Werkstatt". „Ja, geht klar".

Entspannt trödelte ich über den Hof zur Schlosserei, wo der Lastzug bereit stand. Einen kurzen Moment betrachtete ich mir das Gespann, als es aus der Halle schallte: „Das is' dein Job für heute." Ich drehte mich um und ging auf das große Rolltor zu, an das sich unser Schlosser anlehnte und an seiner Zigarette zog. „Der alte Hobel sieht ganz schön mitgenommen aus", begrüßte ich ihn. „Der hat ja auch schon einiges hinter sich. Übrigens schmeißt er jede Menge Öl raus," gab er zu verstehen. „Warum reparierst du ihn nicht?"
„Das will der Kunde selbst machen, sorry. Ich mach jetzt Pause, gute Fahrt." Dann verschwand er wieder in seiner Halle. Skeptisch warf ich einen Blick unter den Motor und glaubte mich in einer Tropfsteinhöhle zu befinden. Wenig begeistert ging ich zurück ins Büro: „Ich füll' das Öl noch

mal auf und nehm' für den Notfall noch 'nen Kanister voll mit."

„Nein", drang es in mein Ohr. „Du brauchst kein Öl mit zu nehmen. Das reicht bis Osnabrück. Sind ja nur 300 Kilometer." Zweifelnd antwortete ich nur: „Na, wenn du meinst", und ging wieder zur Schlosserei, um das Öl aufzufüllen. Anschließend stieg ich ins Führerhaus, um den Motor anzulassen. Gegen 12 Uhr mittags verließ ich den Hof und rollte gemütlich auf die Autobahn zu.

Die erste Zeit lief alles glatt. Ohne Schwierigkeiten näherte ich mich meinem Ziel. Im Hinterkopf allerdings begleitete mich immer wieder der Gedanke an den immensen Ölverlust. Je weniger die Kilometer wurden, um so größer wurde meine Anspannung. Die Zeit verstrich nur sehr langsam. Doch dann ein Hoffnungsschimmer: Noch 20 Kilometer bis Osnabrück zeigte die blaue Tafel. Wieder etwas zuversichtlicher, freute ich mich, bald anzukommen, als mich plötzlich ein ohrenbetäubender Lärm aus dem Motorraum mit der Realität konfrontierte. Einem MG-Feuer gleich, dröhnte es durch das Führerhaus. „So eine Scheiße!", schrie ich auf. Der Motor ging aus, und alle Funktionen versagten ihren Dienst. Mir großer Mühe schaffte ich es, den Schrotthaufen auf die Standspur zu lenken. Ich aktivierte den Warnblinker, stieg wütend aus und schmiss die Tür zu. Aus dem Motorblock stieg dicker weißer Qualm auf, und das noch verbliebene Motoröl verteilte sich über den Standstreifen. Fluchend tobte ich wild umher, trat gegen den Lkw und ließ meiner Wut freien Lauf: „Drecks-

28

karre, musst du ausgerechnet jetzt verrecken! 20 Kilometer, noch 20 beschissene Kilometer, und du bleibst hier einfach steh'n, du Scheißding!" Ich riss die Tür auf, um das Warndreieck rauszuholen, und lief damit ein Stück hinter den Lkw, um es dort zu platzieren. Eilig hastete ich zurück zum Fahrzeug, damit ich in der Firma anrufen konnte. Wieder im Führerhaus, holte mich die Realität erneut ein. Das Telefon war ja bereits ausgebaut und ebenso das Funkgerät. Also stieg ich wieder aus, um mit Handzeichen jemanden zum Anhalten zu bewegen. Doch als Reaktion bekam ich nur ein paar freundliche Hupkonzerte zu hören. Enttäuscht und frustriert setzte ich mich wieder in die Kabine und sah mich um, in der Hoffnung, eine Tankstelle oder ein Haus zu erspähen. Doch alles was zu sehen war, bestand aus Feldern, Wiesen und Wassergräben. Jedoch rechts von der Autobahn sah ich in weiter Ferne die groben Umrisse einer Ortschaft. Es waren 3 oder 4 Kilometer bis dort hin. „Na ja, ein kleiner Spaziergang an der frischen Luft wird mir sicher gut tun", scherzte ich mit mir selbst. Mittlerweile später Nachmittag, machte ich mich auf den Weg über die Felder. Es war ein einziges Gestolpere auf dem unebenen Ackerboden. Der Fußmarsch tat mir trotz allem gut. Ich konnte mich dadurch abreagieren und wieder auf Normaltemperatur runterfahren. Nachdem etwa zwei Drittel der Strecke hinter mir lagen, fing es an zu regnen, und die Dämmerung setzte ein. „Das fehlt mir jetzt noch. Warum muss das ausgerechnet mir passieren?! Tausende von Lkws fahr'n da draußen rum, und meiner muss den Geist aufgeben!"

29

Als ich leicht durchnässt endlich im Dorf ankam, war es schon fast ganz dunkel. Ein so runtergekommenes Nest hatte ich bis dahin noch nicht gesehen. In den halb verfallenen Häusern brannten kaum Lichter. Nur ein paar alte Straßenlampen ließen erahnen, dass es hier so was wie Zivilisation gab. Das ganze Kaff schien wie ausgestorben. Leicht verdattert ging ich die gepflasterte Hauptstraße entlang und war gespannt, was mich wohl als nächstes erwartete. Einige Meter weiter vorne erblickte ich eine Leuchtreklame. Großen Schrittes hastete ich darauf zu und befand mich vor einer winzig kleinen Kfz-Werkstatt. Zuversichtlich trat ich ein. Der Besitzer musterte mich von oben bis unten mit einem sehr konfusen Blick: „Guten Abend, wie kann ich dir helfen?", begrüßte er mich irritiert. Zähneknirschend gab ich zu verstehen: „Ich brauch 'n Telefon."

„Ja, kein Problem. Du kannst aus meinem Büro anrufen." Er führte mich zum Fernsprecher und blieb neugierig neben mir stehen. Mit leicht ansteigendem Blutdruck wählte ich die Handynummer meines Disponenten: „Hallo?", kam es undeutlich durch die Strippe. „Ja, auch hallo!"

„Hi, bist du schon da? Hat alles geklappt?"

„Nix hat geklappt!", maulte ich in den Hörer und begann mein Martyrium zu schildern. Durch die Leitung konnte ich gut hören, wie er sein Lachen unterdrücken musste. „...Und das ist überhaupt nicht lustig!", motzte ich. „Sorry, aber so was hab ich noch nicht gehört."

„Wie schön für dich! Und wie soll's jetzt weiter geh'n?"

30

„Ich seh' mal, dass ich irgendwo 'nen Abschleppwagen organisiert bekomme. Wird aber 'ne Weile dauern. Kannst ja schon mal zurück zum Lkw geh'n. Mach's gut."

„Ja ja, du mich auch." Mit großen, mitleidsvollen Augen sah mich der Kfz-Meister an: „Magst du 'n Kaffee?"

„Oh ja", freute ich mich, „sehr gerne." Er schenkte mir den Kaffee ein, und wir unterhielten uns ein paar Minuten. Nichtsdestotrotz musste ich ja mal irgendwann wieder weg von dort: „Ich muss jetzt leider wieder los. Vielen Dank für den Kaffee und das Telefon."

„Ist doch selbstverständlich. Alles Gute und viel Glück mit deinem Lkw." Ich verließ die kleine Werkstatt und begab mich wieder an die Stelle des Dorfes, von der mein Fußmarsch hierher geführt hatte. Mittlerweile war es stockdunkel, und der Regen hatte zugenommen. Vom Ortsrand aus blickte ich in die dunkle Weite, um eine Orientierung zu bekommen. Doch außer schwarzer Leere konnte ich ohne Taschenlampe nichts sehen. Hin und wieder schwirrten kleine Lichtpunkte vor mir her. Sie kamen und verschwanden wieder. „Hm, ob das Glühwürmchen sind?" Aber nein, es war die Autobahn. „Na was soll's, da muss ich jetzt durch." ,versuchte ich mich zu motivieren. Also begab ich mich auf den Weg zurück zur Autobahn.

Es ließ nicht lange auf sich warten, bis ich den ersten Wassergraben erwischte. Platsch! Mein Glücksgefühl war kaum noch auszuhalten: „Oh, Mann, was 'n Scheiß! Muss das ausgerechnet bei diesem Pisswetter passieren?!" Auf allen Vieren krabbelte ich aus dem Wasserloch. Der vorher wenigstens noch halbwegs begehbare Acker hatte sich zwischenzeitlich in ein Sumpfgebiet verwandelt. Die Lichter der Autobahn im Blick, rutschte und stolperte ich durch die Nacht. Nach einiger Zeit kamen die Lichter langsam näher, und bald konnte ich die ersten Fahrgeräusche hören: „Na Gott sei Lob und Dank, gleich hab ich's geschafft", dachte ich erleichtert. Ich blieb stehen und hielt nach meinem Lkw Ausschau. Doch wo stand er? Nirgendwo war ein Warnblinklicht zu sehen: „Das kann doch jetzt nicht sein. Wo is' der Bock denn jetzt abgeblieben?" Mit einem mulmigen Gefühl bewegte ich mich auf die Fahrbahn zu und kletterte über die Leitplanken. Klatschnass und zugesaut bis unter die Kinnlade, lief ich wie Falschgeld über den Standstreifen und suchte meinen Lkw. Ich lief die Piste rauf und runter. Es dauerte eine ganze Weile, bis mir der schemenhafte Umriss von etwas Großem in die Augen fiel. Ich hatte meinen Glücksbringer wieder, und nun ging es mir gleich ein ganzes Stück besser. Die Batterie hatte letztendlich ihren Dienst quittiert, so dass ich ihn nicht gleich hatte finden können.

Nach weiteren langen Minuten des Wartens blinkten aus der Dunkelheit gelbe Lichter auf. Ein Stern am dunklen Himmel: Der Abschleppdienst rückte an. Der Fahrer lenkte seinen großen Abschlepptruck auf die Standspur vor meinen Bock. Er schaltete die Flutlichtanlage ein und kam zu mir geeilt: „Hallo Kollege, hast wohl 'nen schlechten Tag erwischt, hm?"... Wenn Blicke töten könnten... Gemeinsam bauten wir eine neue Batterie ein, damit

32

Warnblinker und Beleuchtung wieder funktionierten. Anschließend brachten wir die Abschleppstange an. Bevor wir losfuhren, wies er mich noch kurz ein: „Achte darauf, wenn ich bremse. Du musst dann auch in die Eisen. Allein bekomm' ich den Zug nicht zum Stehen."

„Alles klar, wir verschwinden jetzt besser von hier." Wir stiegen ein, und er begann mich auf die Bahn zu ziehen. Es war eine sehr abenteuerliche Angelegenheit. Ich konnte kaum irgendwas erkennen. Nur das Heck des Abschleppers fiel fünf Meter vor mir in mein Blickfeld. Auf gut Glück lenkte und bremste ich hinter ihm her. Es dauerte etwa eine Dreiviertelstunde, bis wir mein Ziel erreichten. Endlich war es geschafft. Wir rollten auf den Hof des Spediteurs. Sofort kam der Fuhrparkleiter zu mir gelaufen und blökte mich an: „Den Schrotthaufen kannst du wieder mitnehmen. So war das nicht ausgemacht!" Wütend meine Antwort: „Hast du Fieber? Das is' jetzt euer Problem! Lass mich bloß zufrieden!!" Ich warf die Tür zu und ging zu meinem Kollegen, der bereits seit Stunden auf mich wartete. „Hi, hab schon von deinem Glück gehört. Komm rein, der Kaffee is' frisch durchgelaufen." Wortlos stieg ich ein. Mit einem Gefühl, als wären 40 Tonnen Ballast von mir abgefallen, setzte ich mich in das warme Führerhaus und atmete erst mal tief durch. „Mann, was für'n Tag", begrüßte ich ihn erschöpft. Er gab mir einen Kaffee, ich zündete mir eine Zigarette an, und wir blickten noch mal zu dem Gespann rüber: „Lass uns abhauen, ich hab genug für heut'." Mein Kollege startete den Motor, und wir verließen das Gelände. Der Tag war vorbei, und ich freute mich, in ein paar Stunden zu Hause zu sein.

Auf Abwegen

An einem ganz normalen Tag mit ganz normalem Verkehrsaufkommen auf einer Autobahn im Rhein-Main-Gebiet. Nur noch wenige hundert Meter trennten mich von meiner Ausfahrt, die mich in den Mainzer Rheinhafen führen sollte. Guter Dinge setzte ich den Blinker, ging vom Gas und rollte gemächlich von der Piste. Die Ausfahrt wies eine scharfe Kurve auf, die man auch per Lkw nicht einsehen konnte. Vorsichtig lenkte ich meinen Laster voran, als plötzlich eine lebensgefährliche Situation eintrat. Erschrocken riss ich das Lenkrad rum und ging in die Eisen. Das scheinbar Unmögliche tat sich vor mir auf, indem ein Pkw auf mich zu hielt. Der Fahrer schien den Ernst der Lage nicht begriffen zu haben und machte keine Anstalten, stehen zu bleiben. Ich hatte große Mühe, meinen 40-Tonner runter zu bremsen und einen Crash zu verhindern. Im letzten Moment zum Halten gekommen, blockierte ich nun die gesamte Ausfahrt. Umgehend begann hinter mir ein wildes Hupkonzert. Doch mein Gegenüber hupte und gestikulierte ebenfalls aufgebracht umher, als er schließlich zum Stehen kam. Sofort stieg ich aus und rannte zu ihm. Wütend schrie er mir zu: „Mach die Straße frei! Ich muss auf die Autobahn! Du bist wohl zu blöd zum Fahren, gib deinen Lappen ab!" Daraufhin erklärte ich ihm seine missliche Lage: „Pass mal auf, du Vogel, was glaubst du, wo du hin fährst? Das ist 'ne Abfahrt! Sieh zu, dass du deine Karre hier wegschaffst, sonst ruf ich die Bullen!" Leicht geschockt sah er mich mit großen Augen an und stotterte: „Entschuldigung, ich muss wohl falsch aufgefahren sein. Das habe ich nicht gemerkt." Als er endlich mit dem Wendemanöver begann, nutzte ich die Zeit und lief hinter meinen Lkw, um die nachfolgenden Pkws zu beruhigen, die schon einen kleinen Rückstau gebildet hatten. Die Situation geklärt, eilte ich zurück nach vorne und sah, wie der Pkw in der kurvigen Ausfahrt verschwand. Erleichtert begab ich mich wieder ins Führerhaus und setzte meine Fahrt zum Hafenbecken fort. Wie er falsch auffahren konnte, bleibt wohl ein Rätsel, da diese Ausfahrt direkt in einem Kreisverkehr endete.

Souvenirs

Nur schwer kam ich durch den dichten Touristenverkehr, als ich mich auf dem Rückweg von der Adriaküste in Richtung Brenner befand. Die Sommerferien waren in vollem Gange, und Italien zeigte ein buntes Farbenmeer an Autokennzeichen. Mal wieder an der Zeit, eine Pause einzulegen, steuerte ich den nächsten Rasthof an. Wie erwartet, traf sich halb Europa auf der Parkstation. Die Lkw-Stellplätze von Wohnwagen überflutet, rangierte ich meinen Laster in eine Lücke zwischen die Caravans. Ich grinste, als mir die Camper einige ängstliche Blicke zu warfen. Nach einem gemütlichen Plausch mit den Freizeit-Truckern lief ich ein paar Runden über die Rastanlage und amüsierte mich über das zum Teil weltfremde Verhalten der Urlaubsreisenden. Ein bunter Mix aus „Heile Welt"-Familien und dubiosen Gestalten bot sich meinen Augen. Bei guten 30 Grad im Schatten kam eine der mysteriösen Figuren in Gestapomantel und Sonnenbrille auf mich zu. „Hm, ob der vom FBI ist?" Verdächtig sah er sich immer wieder um, während er sich näherte. Mir nun gegenüber, legte er los: „Hey Capo, willst du billig kaufen?" Fragend runzelte ich die Stirn: „Was hast du denn anzubieten?" Vorsichtig öffnete er seinen Mantel: „Sehr günstig, gute Qualität." Ich traute meinen Augen nicht. In den Mantel hatte er Uhren und Goldkettchen eingenäht. Das Zeug war sicher heißer als das Wetter. Zweifelnd sah ich ihn an und fragte mich: „In was für 'nem Film bin ich denn jetzt?" Ein paar hundert Meter hinter ihm bemerkte ich zwei Polizisten und gab ihm zu verstehen: „No, Carabinieri." Erschrocken zog er den Kittel wieder zu, sah sich nervös um und räumte fluchtartig das Feld. Als wäre der Teufel hinter ihm her, rannte er zu seinem Pkw, packte sein Zeug in den Kofferraum und raste mit Vollgas davon. Ich machte mir fast in die Hose vor Lachen, und auf meiner späteren Weiterfahrt belustigte ich über Funk die Kollegen mit meinem Erlebnis.

Meine Straße, deine Straße

Die Erlebniswelt eines Lkw-Fahrers setzt sich neben alltäglichen auch aus kuriosen und gefährlichen Situationen zusammen. So blieb auch ich von jenen Ereignissen nicht verschont. Einige dieser Begebenheiten möchte ich gerne in einem kurzen Abriss darstellen. Hierbei handelt es sich um Situationen, die jeweils nur wenige Sekunden dauerten und es mir daher nicht ermöglichen, längere Ausführungen niederzuschreiben. Dennoch, so glaube ich, sind die nun folgenden Schilderungen nicht weniger interessant:

Meinem Zeitplan ein Stück voraus, verließ ich bei strahlendem Sonnenschein den Fährhafen von Calais. Ich kam gerade aus England und war auf dem Weg in die Normandie. Auf der Autobahn angekommen, gab ich Gas und beschleunigte, bis der Geschwindigkeitsbegrenzer einsetzte. Die Bahn war frei, und mit knapp 90 km/h kam ich zügig voran. Nur wenige Minuten waren vergangen, als mir bei meinem routinemäßigen Blick in die Rückspiegel etwas Merkwürdiges in die Augen fiel. Auf dem Standstreifen näherte sich mir ein für die Autobahn ungewöhnliches Fahrzeug mit hoher Geschwindigkeit. So recht glauben konnte ich nicht, was nun geschah: Ein Mofa heizte über die Standspur und überholte mich sehr zügig. Der jugendliche Fahrer winkte mir fröhlich zu und rauschte davon. Sprachlos blickte ich ihm hinterher und staunte Bauklötze.

37

✧

In Deutschland unterwegs, rollte ich über die Autobahn und dachte an nichts Böses. Der Rückspiegel zeigte mir nur wenig nachfolgenden Verkehr. In weiter Ferne jedoch bemerkte ich das hektische Aufblinken der Scheinwerfer eines Pkws. Mit sehr hoher Geschwindigkeit näherte er sich, bis er schließlich mit einem Affenzahn an mir vorbeiraste. Ein paar hundert Meter weiter vorne legte der Fahrer plötzlich eine Vollbremsung hin. Die Reifen quietschten und qualmten, und es stank fürchterlich nach Gummi. Ich fuhr an ihm vorbei und behielt das Geschehen im Auge. Kopfschüttelnd sah ich im Rückspiegel, wie er fast zum Stehen kam und im Schritttempo auf die Standspur rollte. Was ihn geritten hatte, weiß der Teufel. Vielleicht war es auch ein Testfahrer einer Automobilfirma gewesen, der mit einem neuen Wagen einen Härtetest durchführte. Wer weiß? Zum Glück hatte es durch den geringen Verkehr keinen Unfall gegeben.

✧

An einem Wintermorgen im Großraum Aschaffenburg. Auf dem Weg von Würzburg nach Mainz – ich kam nur schleppend voran – sollte mich dieser Morgen in eine lebensgefährliche Situation bringen. Die Autobahn war stark zugeschneit und der Berufsverkehr bereits in vollem Gange. Vorsichtig fuhr ich Meter für Meter über die schneebedeckte Piste. Von der Fahrbahn war nichts zu

38

sehen, so dass man sie nur erahnen konnte. Ich befand mich etwa 20 Meter vor einer Autobahnzufahrt, als ein Pkw von selbiger auffahren wollte. Er war viel zu schnell unterwegs und verlor die Kontrolle über sein Fahrzeug. Er rutschte von der Zufahrt auf die Fahrbahn, drehte sich im Kreis, schlitterte quer über die Bahn und krachte in die Mittelleitplanke. So schnell wie sich dies zutrug, konnte ich nicht reagieren. Ich war heilfroh, dass keine Massenkarambolage entstand und ich nicht in Mitleidenschaft gezogen wurde. Wäre ich nur ein Stück weiter vorne gewesen, wäre mir der Pkw unter meinen Anhänger gerast.

Ebenfalls mal wieder in Deutschland unterwegs, rollte ich durch den Ferienverkehr über die Autobahn. Wie in jedem Jahr, zeigte sich ein hohes Verkehrsaufkommen an Urlaubern. Viele Wohnwagen, Reisebusse und Motorräder waren auf Tour. Dennoch gab es immer wieder Spezialisten, die sich kaum am starken Verkehr störten. So auch ein Pkw mit Dachgepäckträger, auf dem Fahrräder befestigt waren. Mit hoher Geschwindigkeit raste er an mir vorbei. Zu schnell, wie sich zeigte. Einer der Drahtesel löste sich aus seiner Halterung und fiel auf die Fahrbahn. Das Fahrrad knallte wenige hundert Meter vor mir auf den Asphalt und sprang mehrmals hoch, wodurch es unkontrolliert umherflog. Gerade noch im letzten Moment konnte ich dem Geschoss ausweichen. Glücklicherweise ereignete sich auch hier kein Unfall, da das Fahrrad auf dem Seitenstrei-

39

fen zum Liegen kam. Der Pkw Fahrer hatte von all dem nichts mitbekommen und war längst über alle Berge.

Etwas Ähnliches geschah irgendwo im Raum Bremen. Hier versuchte sich ein vollbesetzter polnischer Pkw als Schwertransport. Es war ein Kleinwagen der Golfklasse. Auf dem Dach war eine Couch befestigt, deren Gewicht den Pkw so weit runterdrückte, dass der Auspuff Funken sprühte. In sicherer Distanz blieb ich hinter dem Vehikel und staunte über den Film, der vor mir ablief. Nach einer Weile wurde es mir hinter ihm zu abenteuerlich. Ich haute den Blinker rein und setzte zum Überholen an. Mit dem Gefährt auf einer Höhe, gab es plötzlich einen dumpfen, lauten Knall, und der Pkw begann zu röhren wie ein Panzer. Im Rückspiegel sah ich nur noch, wie der Auspuff über die Fahrbahn flog. Doch das störte die Polen nicht sonderlich. Sie fuhren weiter, als wäre nichts passiert.

Zum Arbeitsalltag eines Lkw-Fahrers gehört auch, hin und wieder mal im Stau zu stehen. Doch wenn man sieht, wodurch so mancher Stau entsteht, weiß man nicht, ob man lachen oder heulen soll. So kam ich auch ins Grübeln, als ich mal wieder in einem solchen fest hing. Der Stillstand währte jedoch nicht lange, und bald ging es einigermaßen konstant weiter. Zwar nur im Schritttempo, aber

40

immerhin lief es wieder. Nach wenigen Minuten wurde der Verkehr flüssiger, und der Stau begann sich aufzulösen. Es stellte sich heraus, dass er durch Schaulustige entstanden war. Dies empfand ich als nicht weiter verwunderlich, als ich schließlich den Auslöser für die Zwangspause erkannte: Auf der Standspur hatte sich ein Convoy von Zigeunern niedergelassen. Inmitten von Sonnenschirmen, Tischen und Stühlen schmissen sie zwischen ihren Wohnwagen eine Grillparty. Von den aufgebrachten Pkw- und Lkw-Fahrern ließen sie sich nicht beirren, und von der Polizei fehlte unverständlicherweise jede Spur.

Mal wieder in der Ferienzeit durch Deutschland unterwegs, der Verkehr lief erstaunlich gut, sollte meine Tour an die Nordsee führen. Es war ein schöner, warmer Sommertag, und die Welt schien in Ordnung. Viele Reisende befanden sich auf dem Weg in den wohlverdienten Urlaub. Ein Verkehrsteilnehmer jedoch hatte es besonders eilig, in die Ferien zu kommen. Im Rückspiegel fiel mir ein geistiger Tiefflieger auf, der mit stark überhöhter Geschwindigkeit einen Wohnwagen hinter sich herzog. Ich vermute, dass er wohl an die 120 km/h drauf hatte, als er links an mir vorbeiflog. Logischerweise sprang und tanzte der Wohnwagen hinter dem Pkw wild umher, so dass der Fahrer nur schwer die Kontrolle behielt. Ich konnte nur fassungslos den Kopf schütteln, als der Caravan in der Ferne verschwand. Es sollte nur kurze Zeit dauern, bis ich ihn

41

wieder sah: Wenige Kilometer weiter hatte er es geschafft, seinen Campinganhänger auf die Seite zu schmeißen. Der Wohnwagen war komplett zerlegt, und die Autobahn glich einem Trümmerfeld. Die Einzelteile sowie Geschirr, Klamotten und Lebensmittel übersäten die Fahrbahn. Inmitten des Ganzen stand der Fahrer mit seiner Frau und zwei Kindern am Fahrbahnrand, und alle heulten Rotz und Wasser. So leid es mir auch für die Familie tat, aber Dummheit muss eben bestraft werden.

Macht der Gewohnheit

„Home sweet Highway," tönte es aus dem Radio, als ich mich auf dem Heimweg befand. Meine Woche endete, wie es nur selten vorkam, an einem Freitagvormittag. Das Wetter versprach ein paar goldene Oktobertage, und ich freute mich auf das lange Wochenende. Den 40-Tonner geparkt und meine Klamotten ausgeräumt, schaute ich noch kurz bei meinem Chef vorbei. Er wartete bereits auf mich, um die Frachtpapiere der Woche in Empfang zu nehmen. In einem kurzen Gespräch erklärte er: „Am Sonntagabend komme ich auf den Hof und bringe dir ein paar Unterlagen vorbei." Die Order entgegen genommen, sackte ich die Spesen ein und fuhr nach Hause. In meiner Wohnung angekommen, legte ich erst mal die Füße hoch und genoss den Feierabend. Es war noch früh; gerade mal 11 Uhr. Um das Wochenende sinnvoll zu nutzen, nahm ich mir vor, die anstehenden Erledigungen noch am selben

Tag zu verrichten. So tätigte ich die nötigen Einkäufe, sah die Post durch und schmiss meinen Haushalt. Mit allem fertig, legte ich mich am Nachmittag ein paar Stunden aufs Ohr, bis ich gegen Abend wach wurde. Den Tag ließ ich letztendlich in meiner Stammkneipe ausklingen.

Der nächste Morgen gehörte mir und meinem Bett. Meistens blieb ich bis mittags liegen, um für abends fit zu sein, wenn es wieder auf Tour ging, so auch dieses Mal. Den restlichen Tag verbrachte ich mit Spazieren gehen und Faulenzen. Wie üblich bereitete ich mich gegen 18 Uhr auf die Nacht vor, packte meine Tasche, machte das Essen fertig und kochte Kaffee. Wenig später lud ich die Sachen in meinen Pkw. Pünktlich um 21 Uhr führte mich mein Weg zu meinem Laster. Als ich eine halbe Stunde später auf dem Lkw-Parkplatz ankam, war mein Chef noch nicht da. Ich fing schon mal an, meine Sachen in den Lkw zu räumen, legte eine Tachoscheibe ein und ließ den Motor warmlaufen. Mittlerweile ging es stramm auf 22 Uhr zu, und er war noch immer nicht aufgetaucht. „Wo bleibt der denn bloß?", fragte ich mich. Ungeduldig nahm ich das Telefon und rief ihn an: „Hallo Chef, wann bist du denn hier?" Mit etwas Verwunderung kam es zurück: „Wie, was? **Wo** komm' ich hin?"
„Na wegen den Papieren", erinnerte ich ihn. „Ich muss gleich los!" Ein Weilchen war es still am anderen Ende. Plötzlich fing er an zu lachen: „Guck mal auf den Kalender! Heut ist Samstag, du bist 'nen Tag zu früh!"

„Äh, Samstag? Heut is' doch Sonntag!" Er bekam sich nicht mehr ein: „Nee nee, du kannst ruhig noch mal heim fahr'n und Wochenende machen. Du bist erst morgen wieder dran. Schönen Abend noch!" Wie ein Blitz durchfuhr es mich angesichts der Tatsache, dass er recht hatte und es wirklich erst Samstagabend war! Stumm blickte ich durch die Windschutzscheibe und konnte es nicht glauben, dass ich mich völlig umsonst für die neue Arbeitswoche abgehetzt hatte. Niedergeschlagen stieg ich vom Bock und fuhr wieder nach Hause. Ich legte mich vor die Glotze und malte mir in Gedanken die hämischen Kommentare meiner Kollegen aus, die mich am nächsten Abend erwarten würden.

Dumm gelaufen

Samstagmittags irgendwo in der Slowakei. Mit einem Kollegen zusammen, der in seinem Lkw vorausfuhr, ging es Richtung Österreich. Per CB-Funk unterhielten wir uns über die vergangenen Tage. Unsere Lkws waren leer, und wir sollten montags in Wien neue Ladung aufnehmen. Nach etwa einer Stunde Fahrtzeit kamen wir an die grenznahe Hauptstadt Bratislava. Da es für diesen Tag keine Möglichkeit mehr gab, die Grenze zu überqueren, steuerten wir den hiesigen Autohof an, um dort unser Wochenende zu verbringen. Der kleine Parkplatz war schon gut belegt, und wir hatten Mühe, noch zwei Stellplätze zu finden. Die Laster sicher abgestellt, läuteten wir den

Feierabend ein. Mein Kollege kam fröhlich pfeifend mit einem Sixpack nach hinten zu meinem Lkw: „Willst du 'ne kühle Blonde?"

„Ja, das kommt gut", freute ich mich und stieg von meinem Bock. Wir lästerten über die Lkws der russischen Kollegen ab und ließen uns das Bier schmecken. Nachdem der Gerstensaft seinen Platz in Bauch und Kopf eingenommen hatte, bewegten wir uns leicht angeheitert auf das kleine Rasthaus zu. Es war nur mäßig besucht, als wir eintraten. Der Innenraum wies eine primitive Einrichtung auf. In einer Ecke standen ein paar Tische und in einem Separee mehrere Spielautomaten. Die Mitte des „Gastraumes" wurde von einer großen eichenhölzernen Theke ausgefüllt. Wir setzten uns an einen Tisch und beobachteten das Treiben. Als uns eine Kellnerin die Speisekarten brachte, bestellten wir gleich zwei große Bier, um den restlichen Straßenstaub runter zu spülen. Zwischenzeitlich hatte sich die Pinte etwas geleert, und es waren kaum noch Fahrer da.

Nachdem uns das Mittagessen die Gaumen erfreut hatte, begaben wir uns an die Bar. Der Nachmittag verging wie im Flug. Es wurde Abend, die Pinte zeigte wieder Leben, und nicht nur unsere Bierdeckel wurden immer voller. Wie üblich begann um 22 Uhr die Zeit der leichten Mädchen. Punkt genau auf die Minute betraten sie mit ihren Zuhältern den Laden. 'Ne kleine Blonde kam zu mir und schlängelte sich um mich: „Na Süßer, hast du Lust?" Lallend meine Antwort:„Na klar hab ich Lust auf dich."

„Dann lass uns doch in deinen Lkw gehen", animierte sie mich. Gesagt, getan. Ich legte meinen Arm um die Kleine und verschwand mit ihr nach draußen. Etwas orientierungslos torkelte ich mit dem Betthäschen zum Lkw. Als wir in der Kabine waren, zog ich die Gardinen zu und begab mich mit ihr in die Koje. Nachdem ich mich meiner Kleidung entledigt und die Horizontale eingenommen hatte, begann sie ihren Job zu machen. Währenddessen wurden meine Augen immer schwerer und schwerer, bis sie mir schließlich zu fielen. Am nächsten Morgen – es ging schon auf Mittag zu – erwachte ich nur langsam aus dem Koma. Es dauerte eine Weile, bis ich meine Sinne wieder beieinander hatte. Nach einigen Minuten richtete ich mich auf und fuhr mir mit einer Hand durchs Gesicht: „Scheiß Sauferei!" Ich sah mich um und begriff noch nicht die Situation. Immer wieder streifte mein Blick durch die Kabine, bis ich die Stirn runzelte: „Hmm, irgendwas fehlt hier." Wie gebannt richtete sich mein Augenmerk auf das Armaturenbrett: „Wo is' das Telefon? Warum liegt mein Portemonnaie da so offen rum?" Ich griff danach und stellte erschrocken fest, dass es leer war. Mir fiel es wie Schuppen von den Augen, als ich die Realität erkannte: „So ein Miststück! Das is' ja das Allerletzte!" Entsetzt zog ich mich an, stieg aus und eilte zu meinem Kollegen. Doch auf mein Klopfen an seinem Führerhaus zeigte sich keine Reaktion. Also hastete ich zur Kneipe rüber. Er saß bereits an einem Tisch und trank Kaffee. Ich bestellte mir ebenfalls einen und setzte mich zu ihm: „Moin, ich hab 'n Problem. Die Alte hat mir den Bock ausgeräumt." Er sah

46

mich skeptisch an: „Das wird einen Riesenärger geben."
Wir grübelten eine Weile, wie der Schlamassel wohl zu
lösen sei. „Am besten sagst du unserem Häuptling die
Wahrheit", schlug mein Kollege schließlich vor. So unan-
genehm die Situation auch war, blieb mir doch kaum eine
andere Wahl. Sonderlich gut fühlte ich mich nicht dabei
und war froh, als ich das Gespräch mit unserem Chef
hinter mich gebracht hatte. Den restlichen Sonntag bum-
melten wir über den Autohof und relaxten in der warmen
Sonne. Nachdem am nächsten Morgen die Motoren ein
paar Minuten lang warm gelaufen waren, legten wir die
Gänge ein und rollten über die Grenze nach Österreich.

Dein Freund und Helfer

Ein warmer Sommertag irgendwo in Nordhessen. Die
Ladefläche voll mit erfrischenden Durstlöschern, ließ ich
meinen Laster über die Piste rollen. Mein Ziel sollte ein
Getränkegroßhändler in der Rhön sein. Zu jener Zeit hatte
ich das große Glück, mir um Getränke keine Sorgen
machen zu müssen, da meine Touren des öfteren von der
Getränkeindustrie ausgingen. Sozusagen als Dankeschön
wurde ich regelmäßig und sehr großzügig von den Herstel-
lern versorgt. Einen knappen Zeitplan im Genick, befand
ich mich nun also auf der Autobahn. Dennoch guter Dinge
und zuversichtlich, näherte ich mich meinem Bestimmungsort Kilometer für Kilometer. Ein Blick aus dem
Seitenfenster ließ mich die Landschaft genießen, als mir

47

plötzlich ein grünes Männlein zuwinkte und mir die Kelle zeigte. „Oh nee!" dachte ich mir „Da hab' ich jetzt weder Zeit noch Bock drauf!" Aber was wollte ich machen?! Also folgte ich dem Streifenwagen auf den nächsten Parkplatz. Auf einem seitlichen Parkstreifen zum Stehen gekommen, kamen die Beamten gemächlich auf mich zu: „Hallo Kollege", begrüßten sich mich freundlich, „zeig uns mal deine Papiere und Tachoscheiben." Ich suchte die Papiere zusammen, nahm die Tachoscheiben und gab sie ihnen. Es war eine sehr angenehme Kontrolle. Die beiden waren sehr freundlich und hatten zweifelsohne keine allzu große Lust, ihren Job zu machen, was mir sehr entgegen kam. Nach einem kurzen Moment gaben sie mir die Papiere zurück: „Die sind in Ordnung, aber die Scheiben kontrollieren wir noch."

Im Streifenwagen verschwunden, dauerte es eine kurze Weile, bis sie wieder auftauchten. Die beiden machten einen „überaus motivierten" Eindruck: „Du bist diese Woche schon zweimal eine Stunde zu lange gefahren. Jetzt müssen wir mit dir diskutieren, dass du das nicht darfst. Aber das weißt du ja." Ich musste schmunzeln: „Ja ja, ist mir bekannt. Aber ihr wisst doch wie das läuft: Termine ..." Einer der beiden meinte: „Hast du Geld dabei? Ich hab' keine Lust, 'ne Anzeige zu schreiben." Ich versuchte zu pokern: „Nee, Kohle hab' ich keine hier, aber... Habt ihr Durst?" Sie grinsten mich an: „Was hast du denn anzubieten?" Ich öffnete meine Kühlbox und holte je zwei Flaschen Wasser und Cola raus: „Ist das okay?" Wir sahen uns einen kurzen Moment an. Einer der zwei warf einen vorsichtigen Blick über den Parkplatz und nickte mir dann stumm zu. Blitzartig reichte ich ihm die Getränke, mit denen er sofort zum Streifenwagen eilte. Sein Kollege gab mir unterdessen die Tachoscheiben zurück: „Das bleibt unter uns! Gute Weiterfahrt." Ich grinste nur und nickte stumm. Als die beiden gesetzestreuen Ordnungshüter wieder abgerückt waren, legte ich mir erst noch mal ein paar Getränke kalt. Schließlich hatte ich noch zwei volle Kisten dabei, so dass mir die vier Flaschen nicht wirklich weh taten. Außerdem würde ich ja bald wieder Nachschub bekommen. Ich räumte mein Zeug wieder zusammen, und frohen Mutes setzte ich meine Tour fort.

Von Narren umgeben

Rosenmontag im Großraum Olpe. Etwa gegen halb acht Uhr morgens gelangte ich in eine größere Ortschaft, die in gewisser Weise Ähnlichkeit mit einer Geisterstadt hatte. Der Ort schien wie ausgestorben. Nur einige wenige Alkoholleichen suchten ihren Weg nach Hause. Es war ein amüsanter Anblick, der sich mir bot. Ich lenkte meinen Laster vorsichtig über die Hauptverkehrsstraße, die sich mitten durch das Zentrum schlängelte. Hin und wieder konnte ich ein paar Schnapsdrosseln erspähen, die umherirrten oder es nicht mehr bis nach Hause geschafft hatten und in irgendwelchen Hauseingängen lagen. Sicherheitshalber ging ich noch ein Stück vom Gas, um nicht einen der Karnevalisten über den Haufen zu fahren. Außerdem musste ich darauf achten, mir keinen Platten zu einzufangen, da immer wieder leere Bierflaschen und Scherben auf der Straße lagen. Teilweise blieb mir nichts anderes übrig, als in Schlangenlinien zu fahren. Zum Glück war ich alleine unterwegs, so dass ich ohne Probleme diese Manöver durchführen konnte. Die Durchfahrt kam einem Slalomlauf gleich. Als ich mich schließlich auf einem geraden Stück in Richtung Ortsausfahrt befand, wurde die Straße sauberer, und ich konnte wieder einen normalen Kurs einschlagen. Die letzte Fußgängerampel kam näher, und ich hatte es fast geschafft. Sie sprang natürlich noch mal auf Rot, und ich musste stehen bleiben. Von der rechten Seite torkelte ein letzter Überlebender auf mich zu. Er kam wohl aus der nahegelegenen Festhalle, die im Hintergrund zu sehen war. Den gut zwei Meter breiten Fußweg nahm er voll und ganz in Anspruch. Von einer Seite zur anderen und gelegentlich mal wieder ein paar Schritte zurück, kämpfte er sich zur Ampel vor. Ohne Rücksicht auf Verluste torkelte er auf die Straße, um die andere Seite zu erreichen. So ganz geheuer war mir das Schauspiel nicht, und ich blieb vorsichtshalber noch stehen. Die Ampel wechselte mittlerweile des öfteren die Farben, aber ich hatte zum Glück etwas Zeit. Der Trunkenbold schaukelte direkt zu meinem Lkw hin. Ich weiß nicht, als was er ihn ansah, aber er nutzte die Gelegenheit, um sich anzulehnen und zu verschnaufen. Es dauerte einige Minuten, die er sich an meinem Laster festhielt. Gerade als ich aussteigen wollte, um nach ihm zu sehen, stieß er sich von der Beifahrertür ab und torkelte vor mein

Gefährt. Etwa auf Augenhöhe mit mir, blieb der Schluck-specht stehen und blickte zu mir hoch. Ungläubig schielte er mich an, während er hin und her schaukelte. Auf einmal schüttelte er den Kopf und zeigte mir einen Vogel. Etwas verdutzt sah ich ihn an und fing schließlich an zu lachen. Nach einem Moment wendete er sich wieder von mir ab und blickte hinüber zur anderen Straßenseite, die er zu erreichen versuchte. Doch er blieb weiterhin stehen und wackelte vor sich hin. An seiner Körpersprache konnte ich erkennen, dass es ihm wohl nicht sonderlich gut ging. Seine Gestik wurde immer intensiver und heftiger. Plötz-lich blies er seine Backen auf, und einer Fontäne gleich ließ er sich die vergangene Nacht noch mal durch den Kopf gehen. „Was für 'ne Sauerei", fing ich lauthals an zu lachen und blickte auf die Lache, die sich auf der Straße verteilte. Nachdem er sein unappetitliches Geschäft zu Ende ver-richtet hatte, fand er schließlich die Orientierung wieder. Langsam torkelte er nun auf sein Ziel zu. Ich sah dem Karnevalist noch einen Moment nach, bis er die Straße hinter sich gebracht hatte. Als die Ampel wieder auf Grün sprang, konnte ich meine Fahrt endlich fortsetzen. Über dieses Erlebnis lachte ich noch einige Tage später, und jedes Jahr an Karneval erinnere ich mich daran zurück.

Schweizer Präzision

Die Sonne erhob sich aus der Dunkelheit, als ich mich an einem frühen Montagmorgen der Schweizer Grenze in Weil am Rhein näherte. Meine Tour führte von Kopenhagen nach Mailand. Freitags geladen, befand ich mich auf direkter Durchreise nach Italien. Die Ladung bestand aus Tausenden lose gestapelter Schachteln im Schuhkartonformat auf dem Motorwagen und einer Industrieanlage auf dem Anhänger. Der Zollhof war, wie immer um 7 Uhr morgens, gut besucht. Den 40-Tonner geparkt, ging ich gemächlich zum Zollbüro rüber. Der Sachbearbeiter war guter Laune und freute sich, mich mal wieder zu sehen. Wir kannten uns schon eine ganze Weile. Bei einer Tasse Kaffee plauderten wir über Arbeit, Privates und Allgemeines. Es dauerte nicht lange, bis er meine Papiere fertig hatte. Nach einer knappen Stunde war alles erledigt. Gut in der Zeit, ging ich wieder nach draußen, gab einem Zöllner den Laufzettel und schlenderte zum Lkw. Ich startete den Motor und rollte gemütlich über die Grenze in die Schweiz. Wie meistens, gab es kaum stärkeren Verkehr in der Alpenrepublik, so dass ich ohne Probleme meinen Fahrplan einhalten konnte. Gegen 11 Uhr gelangte ich nach Como, wo ich die Grenze nach Italien überqueren wollte. Es zeigte sich reger Betrieb auf dem Zollhof, was mir die Suche nach einem Stellplatz erschwerte. Nach einer Weile gelang es mir schließlich, meinen Laster zu parken. Die Fracht- und Zollpapiere unterm Arm, begab ich mich erneut ins Büro zur Deklaration. Wie erwartet verlief die

Bearbeitung sehr langsam. Der Zöllner sah die Unterlagen durch, stempelte sie ab und behielt die für den Zoll bestimmten Papiere ein. Nachdem er mir die erforderlichen Laufzettel ausgehändigt und die Papiere zurückgegeben hatte, verließ ich das Zollgebäude.

Wieder im Lkw, fuhr ich auf das erste Kontrollhäuschen zu. Einen der Laufzettel abgegeben, konnte ich ohne Probleme passieren und steuerte das nächste an. Auch hier und am dritten Häuschen, welches bereits auf Italienischer Seite stand, gab es keine Schwierigkeiten. Am vierten und somit letzten Kontrollhäuschen jedoch änderte sich mein geplanter Tagesablauf gravierend. Einem aufgescheuchten Huhn gleich, kam ein italienischer Zöllner auf mich zugelaufen, winkte mit den Armen wild umher und rief: „Grande Problemo. Ritorno a la dogana svizzera!" Ich traute meinen Ohren nicht, als ich die Aufforderung vernahm. Er kam zu mir und mahnte erneut. Um meinen Abladetermin einzuhalten, gab ich ihm zu verstehen, dringend über die Grenze zu müssen. Doch er forderte mich weiter auf, wieder zurück zum Schweizer Zoll zu fahren. Er fuhr den Schlagbaum hoch, ließ mich wenden, und leicht gefrustet lenkte ich meinen Laster wieder Richtung Schweiz. „Was für'n Mist! Bin ja ma' gespannt, was die für'n Blödsinn im Kopf haben!", dachte ich bei mir. Ein größeres Empfangskomitee wartete bereits auf mich, als ich auf den großen Parkplatz rollte, der für verschärfte Kontrollen angelegt war. Fünf oder sechs Zöllner umzingelten meinen Lastzug. Ich glaubte, im

53

falschen Kino zu sitzen. Einer der Grenzer kam auf mich zu und meinte in seinem Schwyzerdütsch: „Grüezi, Sie haben ein kleines Problem!"

Mit ungläubigem Blick meinte ich: „Was soll ich denn für ein Problem haben?"

Darauf der Zollbeamte mit ernster Miene: „Sie haben Schmuggelware auf ihrem Lkw!"

Mit großen Augen fragte ich zweifelnd: „Bitte was hab' ich auf meinem Auto?"

„Sie haben Schmuggelware auf Ihrem Lkw, bitte geben Sie mir alle Fracht- und Fahrzeugpapiere sowie Ihren Führerschein und Personalausweis!" Stark angenervt suchte ich die Sachen zusammen und händigte sie ihm aus: „Das muss ein Irrtum sein!"

„Wir irren uns niemals! Ich werde Ihre Dokumente einbehalten. Mein Kollege macht morgen früh mit Ihnen weiter!"

„Morgen früh? Ich hab' keine Zeit für so 'nen Quatsch, ich muss heut' noch ausladen! Es ist doch erst 2.00 Uhr mittags!"

„Das interessiert mich nicht! Sie bleiben hier stehen! Ich habe in zwei Stunden Feierabend. Ich mache heute nichts mehr!" Er wandte sich von mir ab und ging mit seinen Kollegen ins Bürohäuschen. Wahrscheinlich, um Käsefondue zu machen. Mein Zeitplan war im Eimer, die Woche versaut, und die Italiener warteten auf ihre Ware. Besorgt darüber, was ich wohl falsch gemacht haben könnte, rief ich meinen Disponenten an und schilderte die Situation. Wenig begeistert, aber gelassen nahm er die Neuigkeit

54

entgegen: „Warte mal ab, wie es morgen weitergeht. Vielleicht geht es ja schnell über die Bühne. Meld' dich mal, wenn du wieder fahren kannst." Einige Minuten grübelte ich noch, bis ich dann von meinem Bock stieg, um mir die Füße zu vertreten. Im Visier der Grenzer schlenderte ich über das Zollgelände, während ich wehleidig den vorbeifahrenden Kollegen nachsah und den restlichen Tag vertrödelte.

Am nächsten Morgen – es war 7.00 Uhr – trudelten die Zöllner ein. Wie auch deutsche Beamte, kochten die Schweizer erst mal Kaffee und machten ein ausgedehntes Frühstück. Die Zeit lief mir davon, und so wurde es 8.30 Uhr, bis die Grenzer sich zu mir bequemten. „Grüezi," begrüßten mich zwei der Uniformierten. „Es gibt einige Ungereimtheiten mit Ihren Papieren. Kommen Sie mal mit in unser Büro!" Mit einem unguten Gefühl folgte ich den beiden und war gespannt, was mir der Tag bescheren sollte. Im Büro angekommen, fragten sie mich: „Was haben Sie geladen?" Ich antwortete mit dem Kommentar: „Das steht doch alles in den Papieren. Ich versteh' überhaupt nicht, was es für ein Problem geben soll. Vorne hab' ich Taschen und hinten 'ne Industrieanlage."
„Sie werden des Schmuggels beschuldigt! Ihre Aussage stimmt nicht mit den Papieren überein!" Ungläubig nahm ich die Frachtpapiere und sah sie durch: „Ich weiß nicht, was Ihr wollt! Es steht doch alles drauf!" Ein Beamter gab mir die Zollpapiere: „Dann erklären Sie mir das mal! Laut diesen Unterlagen haben Sie Tassen geladen, und die

55

Anlage ist überhaupt nicht aufgeführt!" Verwundert erwiderte ich: „Das ist ein Schreibfehler. Ihrem Kollegen in Weil muss ein Irrtum unterlaufen sein. Auf den Lieferscheinen steht doch, was ich geladen hab'."

„Die Unterlagen können Sie auch gefälscht haben! Fahren Sie Ihren Lkw an die Rampe und öffnen Sie ihn!" Tja, da hatte ich wohl bei der Einfuhr gepennt... An der Rampe die Ladefläche geöffnet, stürzten sich die Zöllner wie die Geier auf meine Ladung. Während ein Beamter mit mir über die nicht verzollte Anlage diskutierte, warfen seine Kollegen Hunderte der Schachteln vom Motorwagen und rissen jede zweite auf. Entsetzt darüber, maulte ich zu den Grenzern: „Warum ruft Ihr nicht einfach in Weil an und lasst euch meine Aussage bestätigen?! Den ganzen Zirkus könnt ihr euch sparen!"

„Das überlassen Sie gefälligst uns!" Ein Riesendurcheinander fabrizierten sie auf der Ladefläche, womit sie sich reichlich Zeit ließen. Schachtel für Schachtel nahmen sie unter die Lupe. Nach gut anderthalb Stunden ließen sie von der Ladung ab und verschwanden im Büro, wohin ich ihnen folgte: „Wie geht es jetzt weiter? Darf ich die Kartons wieder einräumen?", wollte ich wissen. „Nein! Bleiben Sie draußen, bis Sie weitere Anweisungen bekommen!" Niedergeschlagen ging ich zu meinem Laster und blickte fassungslos auf die Pyramide unzähliger Schachteln. Wohl oder übel blieb es mir nicht erspart, meinen Disponenten anzurufen. Ich erklärte die Situation und verwies auf eine längere Standzeit. Verständlicherweise war er stinksauer

56

über meine Nachlässigkeit, und ich kassierte einen deftigen Anschiss.

Nachdem nochmals eine weitere Stunde vergangen war, zeigte sich mir ein Lichtblick. Die Tür des Büros öffnete sich. Ein Zöllner rief: „Herr Fahrer, kommen Sie mal hierher!" Zuversichtlich eilte ich zu ihm hin. „Wir haben in Weil angerufen. Es ist alles geklärt. Sie können Ihren Lkw wieder einräumen." Ohne jede Hilfe zu bekommen, begab ich mich sofort an die Arbeit. Es war eine mühselige Plackerei. Gute zwei Stunden dauerte es, bis sich auch die letzte Schachtel wieder an ihrem Platz befand. Die Plane zugezogen, ging ich ziemlich fertig zum Büro, um meine Papiere und Ausweise abzuholen. Diese in Empfang genommen, konnte meine Fahrt nach Italien endlich weiter gehen. Den Bock gestartet, rollte ich vom Parkplatz und überquerte gegen 13.00 Uhr die Grenze nach Italien. Dieses lehrreiche Erlebnis brannte sich in mein Gedächtnis ein, und wie bei vielen anderen werde ich auch hieran noch lange zurückdenken...

Nass auf der Gass'

Seit Tagen regnete es ununterbrochen, als mich mein Weg nach Halle an der Saale führte. Das Fahren machte keinen Spaß bei dem Wetter. Aquaplaning und schlechte Sicht erschwerten mir das Durchkommen. Die Landstraße hinter mir gelassen, näherte ich mich langsam der Stadt.

Wie meistens in Halle, war der Verkehr sehr dicht. Auf der unebenen Fahrbahn zeigten sich immer wieder größere Pfützen, die schon fast Ähnlichkeit mit kleineren Seen hatten. Das Wasser spritzte zwischen den Reifen in alle Richtungen hervor. Da ich gute 40 Tonnen auf die Waage brachte, war die Wasserverdrängung entsprechend groß. Um die Passanten nicht unnötig zu durchnässen, wich ich immer wieder, so gut es ging, zur Straßenmitte aus. Schade, wie gerne hätte ich mal eine kleine Sturmflut ausgelöst... Gelangweilt fuhr ich weiter von Ampel zu Ampel durch den Stadtverkehr. Mal wieder vor einer solchen festgenagelt, betrachtete ich mir das rege Treiben der Fußgänger. Ich blickte schon mal zu den nächsten Ampeln vor, um den Überblick zu behalten, als plötzlich ein Glücksgefühl meinen Körper durchzog. Mir bot sich ein Bild, welches unweigerlich meine Fantasie anregte und meine gelegentliche Gehässigkeit zum Vorschein kommen ließ. Ich musste Grinsen, und mein Gesicht und mein Gehirn schütteten Unmengen von Glückshormonen aus. Meine Finger begannen zu jucken, und meine Füße kribbelten. Ein Stück weiter vorne standen zwei Polizisten an einer Fußgängerampel, und vor ihnen befand sich ein riesiger See. Wie auf der Pole Position bei der Formel 1 konnte ich es kaum abwarten, bis meine Ampel auf Grün umsprang. Dann endlich wechselte sie ihre Farbe, und ich gab Gas, was das Zeug hielt. Einen Gang nach dem nächsten warf ich rein, um genug Geschwindigkeit zu bekommen. In einem Affenzahn raste ich durch das große Wasserloch. Im Spiegel sah ich, wie sich eine riesige Wasserwand über die beiden Sheriffs ergoss. Ein wahrer Augenschmaus! Lauthals fing ich an zu lachen und bekam mich nicht mehr ein. Ich hatte meine helle Freude, und der Tag war gerettet. Dank Überraschungsmoment musste ich mir keine Sorgen machen, eine Anzeige zu kassieren. Dafür waren die beiden zu sehr mit sich und ihrem Schicksal beschäftigt. Aber selbst wenn sie mein Kennzeichen notiert hätten, wäre es mir egal gewesen. Das Risiko war mir den Spaß wert.

Cowboys

Ein sehr amüsantes Ereignis trug sich auf der A 44 zu, als ich mich auf dem Weg ins Ruhrgebiet befand. Kassel bereits eine ganze Weile hinter mir gelassen, rollte ich gemütlich über die Piste. Wie immer war die 44 nur schwach befahren. Hier war nie was los, und die Bahn zog sich wie Kaugummi. Doch an jenem Tag war alles etwas anders als sonst. Gelangweilt hing ich überm Lenkrad und kämpfte damit, wach zu bleiben. Plötzlich schoss ein Streifenwagen an mir vorbei. Ich traute meinen Augen nicht: „Hä? Die Bullen? Mit Blaulicht? Hier?" Schlagartig war ich wieder hellwach und gespannt, was in dieser Einöde für Abwechslung sorgen sollte. Über die nächste Kuppe gelangt, sah ich bereits den Streifenwagen auf der Mittelspur stehen. Die Sheriffs hatten die Bahn gesperrt. Den Warnblinker eingeschaltet, ließ ich meinen Bock ausrollen und kam dem Ort des Geschehens immer näher.

Zuerst machte ich große, ungläubige Augen, dann zog sich ein breites Grinsen über mein Gesicht, und schließlich überfiel mich ein Lachkrampf vom Allerfeinsten: „Yeah, yeah! Großes Kino!" Einige Kühe waren von ihrer Weide ausgebüxt und spazierten fröhlich über die Autobahn. Nun ja, vielmehr liefen sie vor den Polizisten weg, die sie verfolgten und einzufangen versuchten. Stattdessen aber trieben die Beamten das Vieh mitten auf die Autobahn. Zwischenzeitlich rückte ein weiterer Streifenwagen an, und die Bahn war nun voll mit planlosen Bullen und irritierten Kühen. Ziemlich chaotisch sprangen die Sheriffs zwischen dem Vieh hin und her. Das Ganze hatte Ähnlichkeit mit Hampelmännern, die man an der Schnur zieht. Ich amüsierte mich auf das Allerherzlichste, und mir platzte fast der Kopf vor Lachen. Dass man sich so ungeschickt dabei anstellen kann, ein paar Kühe voran zu treiben, hätte ich mir im Leben nicht erträumt. Das Schauspiel hielt jedoch nicht lange an, da der Besitzer mit zwei Treckern und einigen Helfern schnell zur Stelle war. Im Handumdrehen hatte der Bauer sein Vieh wieder eingefangen und trieb es von der Autobahn. Nachdem der Spuk vorbei war, gab die Polizei sichtlich erleichtert die Bahn wieder frei.

Kippertransporte

Ein Männlein steht im Walde

Der Sommer war zu Ende, und der Herbst hatte Einzug gehalten. Entsprechend regnerisch zeigte sich das Wetter, als ich im östlichen Sachsen unterwegs war. Meine Tour führte mich zu einem Forstamt, bei welchem ich gechnittene Holzscheite aufnehmen sollte. Ein Verarbeitungsbetrieb für Spanplatten hatte Bedarf angemeldet. Wie vermutet, lag die Försterei außerhalb eines Dorfes am Waldrand. Meinen Bestimmungsort erreicht, parkte ich den Kipper vor dem kleinen Häuschen und suchte den Oberförster auf. In seinem Büro traf ich ihn schließlich an und reichte ihm den Ladeauftrag. „Ja, alles klar. Ich sag jemand Bescheid, und dann geht's gleich los", kündigte er an. Ich verließ das Büro und wartete bei meinem Lkw. Es dauerte nicht lange, bis ein Forstarbeiter zu mir kam: „Was denn, mit dem Ding willst du laden?", begrüßte er mich. „Ja, einen anderen hab' ich nicht. Gefällt dir mein Laster etwa nicht?"

„Nee, nicht wirklich. Aber wir versuchen's mal. Fahr mir einfach hinterher."

Hm, wie das wohl gemeint war? Vom genauen Ladeort wusste ich bis dahin nichts. Also folgte ich ihm, und die Fahrt führte mitten in den Wald. Ein gut ausgebauter Schotterweg schlängelte sich viele hundert Meter durch den Forst, bis wir zu einer Lichtung kamen. Ein kleiner Greifbagger stand bereit und wartete auf seinen Einsatz. Der Forstarbeiter stoppte seinen Pkw, stieg aus und ging zum Bagger rüber, den er umgehend in Betrieb nahm. Nun ging es noch ein Stück weiter in den Wald, bis er plötzlich in einen schmalen Weg abbog. Ich musste weit ausholen, um mein Gespann um die Ecke zu bekommen, was gerade so funktionierte. Meine Vorstellung dessen, was mich erwartete, wurde um ein Vielfaches übertroffen. Wie es in Wäldern üblich ist, ragten dichte Äste in den engen Pfad hinein und machten ein Durchfahren fast unmöglich. Zudem war der Boden komplett aufgeweicht, den der Kollege mit seinem Bagger nun auch noch mal richtig umpflügte. Wenig begeistert blieb ich stehen und drückte auf die Hupe. Er hielt an und stapfte durch den sumpfähn-lichen Trampelpfad zu mir. Aufgebracht rief ich ihm zu: „Das is' ja wohl nicht dein Ernst! Das kannst du komplett vergessen!" Verärgert ließ er mich wissen: „Das ist nicht mein Problem. Wir haben ein Allradfahrzeug angefordert!" „Du Pfeife, das hättest du auch vorher sagen können!"

„Ja, hätte ich. Aber gestern war der Weg noch trocken, und außerdem steht der Liefertermin! Dir bleibt nichts anderes übrig. Sorry." Mit der bitteren Wahrheit konfrontiert und etwas fassungslos über meinen „Super-Disponenten", war es mir mittlerweile relativ egal, wie der Tag seinen weiteren Verlauf nahm. Also fuhr ich meinem Glück entgegen. Kaum in den Weg eingefahren, hinterließen auch schon die Äste mit lautem Gequietsche die ersten Kratzer. Gute 60 Meter quälte sich mein Laster durch den Sumpf, bis ich mit Mühe und Not mein Ziel erreichte. Den Bagger in Position gebracht, startete der Forstarbeiter die Verladung. Greifer für Greifer füllte sich mein mittlerweile zugesauter Kipper. Mit zunehmendem Gewicht begann das Gesetz der Schwerkraft sein Übriges zu tun, und nach und nach versank mein Laster im Morast. Entspannt betrachtete ich das Geschehen. Warum hätte ich mich aufregen sollen? Die Situation war nicht zu ändern und – davon abgesehen – auch vorprogrammiert.

Etwas über eine Stunde war vergangen, als mir der Baggerfahrer den letzten Greifer Holz auflud. Nun war mein Laster voll, hatte seine 40 Tonnen und steckte bis zur Achse im Schlamm. Der Kollege stieg aus seinem Gerät und blickte wortlos zu mir. Ich erwiderte seinen Blick: „Und was jetzt?"

„Tja, da werd ich dich wohl rauszieh'n müssen. Aber das wird 'ne Weile dauern. Der Bagger ist zu schwach. Ich muss erst unseren Schlepper holen." Ungläubig sah ich ihm hinterher, als er kehrt machte und sich gemächlich zu seinem Pkw bewegte. Da stand ich nun, ich armer Tor, und kam mir sehr verlassen vor. Aber das konnte mich nicht erschüttern. Mein Magen sagte mir, dass es an der Zeit war, was zu essen. Na ja, ein Picknick im Wald hat auch seinen Reiz. Also holte ich meine Thermoskanne und die Kühlbox aus der Kabine, setzte mich auf einen Baumstamm und genoss meine Mittagspause, während mir die frische Waldluft um die Nase wehte. Doch trotz allem Genuss lief mir die Zeit davon, und immer wieder richtete sich mein Blick auf die Uhr. Ich wartete nun schon fast eine Stunde. Doch er kam und kam nicht herbei. Telefon und Funkgerät funktionierten logischerweise nicht in dem dichten Wald, so dass ich gar nicht erst zu versuchen brauchte, einen Notruf zu starten. Ich hing im wahrsten Sinne des Wortes fest und konnte nur abwarten. Nach einer guten weiteren Stunde hörte ich endlich ein Motorengeräusch. Und tatsächlich hatte der Kollege den Weg zu mir gefunden. Mit einem großen Holzschlepper rückte er an. Das Gefährt vor meinen Laster gelenkt, befestigten wir eine der schweren Ketten am Lkw. Ich stieg ein, gab ihm ein Zeichen, und schließlich zog er mich aus dem Tümpel. Wieder festen Boden unter den Rädern, machten wir uns noch einen kleinen Spaß über die Situation. Als kleines Dankeschön gab ich ihm eine Schachtel Zigaretten und trat meine Fahrt in Richtung Holzfabrik an.

Qualität kennt keine Grenzen

Ein angenehmer Sommertag lachte mir entgegen, als ich an einem Vormittag die A 13 verließ. Mein Ziel war eine kleine Ortschaft zwischen Spreewald und Berlin. Dort sollte ich eine Fuhre Reis aufnehmen, die für Antwerpen bestimmt war. Nach einer kurzen Überlandfahrt erreichte ich meinen Bestimmungsort. Die schon etwas ältere Lagerhalle befand sich ein Stück außerhalb. Auf dem Gelände angekommen, parkte ich meinen Kipper neben einem großen Schiebetor, stieg aus und ging zu den Arbeitern in der Halle. Sie waren zu dritt und warteten schon auf mich. Tausende aufeinander gestapelte Säcke füllten das Lager bis unters Dach. Sichtlich beeindruckt begrüßte ich die Jungs: „Moin, moin. Ich soll 'ne Ladung Reis abholen."

66

„Ja, stell dich quer vors Tor, und dann geht's los."

„Okay, mach ich. Aber sagt mal, woher kommt denn der Reis?"

„Der wurde vor zwei Wochen aus Italien angeliefert." Etwas verwirrt rangierte ich den Laster vor die Halle. Die Arbeiter rollten ein Förderband zum Kipper und fingen auch gleich mit dem mühsamen Beladen an. Jeden einzelnen Sack mussten sie zum Band schleppen und aufschneiden. Es dauerte gut und gerne zweieinhalb Stunden, bis das letzte Reiskorn auf meinen Laster fiel. Fix und fertig übergab mir der Vorarbeiter schließlich die Lieferpapiere. Nachdem ich nun auch die Ladefläche abgedeckt hatte, konnte meine Fahrt in Richtung Antwerpen endlich losgehen. Am nächsten Morgen meine Abladestelle erreicht, parkte ich in der Wartespur des „Verarbeitungsbetriebes" und ging zur Warenannahme. Wie überall, wurde auch hier vor der Entladung eine Probe entnommen. Doch hier ging alles etwas schneller als anderswo. Ein Mitarbeiter der Qualitätskontrolle zog seine Probe und verwies mich umgehend an einen Trichter zur Entladung. Nicht lange zögernd, rangierte ich an die Box und ließ meinen Kipper nur ein Stück weit hochfahren, damit nichts überlief. Während die Reiskörner langsam von der Ladefläche rieselten, vertrat ich mir ein wenig die Füße und sah mir die Außenanlage an. Ich gelangte zum Innenhof, wo sich die Laderampen für Palettenware befanden. Einem deutschen Kollegen wurden eben diese Paletten aufgeladen, und gut sichtbar konnte ich erkennen, dass es sich hierbei um Reis handelte, der als belgisches Qualitätsprodukt gekennzeichnet war. Ich ging auf den Kollegen zu: „Hallo, wo fährst du denn das Zeug hin?" Er meinte nur: „Die Körner geh'n nach Italien."

„Nach Italien?" grinste ich „Da kommt meine Lieferung ursprünglich her!" Wir sahen uns an und lachten angesichts des Irrsinns los. Wenn man es überspitzt sehen will, machte der Reis eine Tournee von Italien nach Berlin und über Antwerpen wieder zurück nach Italien.

Der Findling

An einem späten Vormittag irgendwann im Sommer lenkte ich meinen Laster durch den Berliner Stadtverkehr. Mein Ziel hieß Kreuzberg, wo ich die nächste Ladung aufnehmen sollte. Wie in Großstädten üblich, ging es nur mäßig voran. Nach einer Weile im Großstadtchaos kam ich endlich zu meiner Ladestelle. Ich fuhr in die Einfahrtsstraße, die mich einige hundert Meter geradeaus führte. Mehrere baufällige Gebäude säumten den Weg zur Pforte. Es war ein altes Fabrikgelände, welches abgerissen werden sollte, um Platz für den Ausbau von U-Bahn und S-Bahn zu schaffen. Der mit Chemikalien verunreinigte Erdaushub sollte meine Ladung sein. Schließlich gelangte ich zur Lkw-Einfahrt. Einige Kollegen standen bereits mit ihren Kippern auf einem kleinen Parkplatz. Schon von weitem winkte mir der Pförtner zu und gab mir Zeichen, mich ebenfalls auf den Parkplatz zu stellen. Ich hatte keine Lust auf Diskussionen, und damit er Ruhe gab, tat ich ihm den

68

Gefallen. Meinen Laster geparkt, ging ich zu ihm: „Hallo, ich soll hier laden. Was ist denn los?" Mit seiner Berliner Schnauze gab er zur Antwort: Du kannst jetzt nüscht hier rein, der eene Baggerfahrer hat jrad' 'ne Bombe ausjejraben. Stell dir ma zu die andern. Die nächsten zwee bis drei Stunden tut sich hier nüscht. Ick meld' mir bei euch." Mit gerunzelter Stirn trödelte ich wieder zum Parkplatz rüber. Um die Situation zu schildern, rief ich meinen Chef an. Gelassen meinte er: „Bleib da mal steh'n. Das wird sicher nicht lange dauern. Meld' dich nachher noch mal." Eine Tasse Kaffee in der Hand, stieg ich aus und gesellte mich zu den Kollegen, die bereits einen Kaffeestammtisch gegründet hatten. Da es nun Mittag wurde und alle etwas Hunger hatten, gingen wir zu einem nahe gelegenen Schnellimbiss, traten ein und machten es uns bequem.

Während wir dort unsere Mittagspause machten, hörten wir plötzlich Sirenen, die immer näher kamen. Ein Blick aus dem Fenster zeigte uns, dass einige Streifenwagen in Richtung Ladestelle fuhren und kurz darauf die Feuerwehr. Wir sahen uns alle gegenseitig an und wussten sofort Bescheid. Ein Kollege meinte dann auch: „Das wird 'ne größere Sache." Von der Neugier getrieben, brachen wir unsere Pause ab und begaben uns zügig zurück. Als wir wieder zum Parkplatz kamen, hatte sich dieser in der Zwischenzeit stark gefüllt. An die zwölf Lkws standen nun an der Pforte und wollten rein zum Laden. Einige Minuten später kam der Pförtner zu uns und erklärte: „Det wird noch 'ne Weile dauern. Wenn ihr Pech habt, wird det heute jar nüscht mehr." In diesem Moment heulten erneut Sirenen auf. Erst kam ein Streifenwagen, dann noch einer, dann einige Feuerwehrfahrzeuge, Einsatzfahrzeuge vom Kampfmittel-Räumdienst, mehrere Rettungswagen, Bundesgrenzschutz und THW. Alles, was irgendwie aufzutreiben war, rückte an. Dann ging plötzlich alles ganz schnell. Der Pförtner rief uns zu: „Haut ab, det wird hier allet abjesperrt!" Währenddessen hörten wir eine Durchsage der Polizeilautsprecher auf der Straße, dass eine großräumige Evakuierung anstehe und die Menschen ihre Häuser und Wohnungen verlassen sollten. Wir ließen unsere Lkws an und fuhren so schnell es ging von dem Gelände. Gerade noch so kamen wir durch die Absperrungen, die von der Polizei aufgestellt wurden. Ganz Kreuzberg wurde hermetisch abgeriegelt. Eine riesige Lkw-Schlange verließ die Gefahrenzone, und wir fuhren in einem endlosen Convoy durch Berlin. Da der Berufsverkehr gerade einsetzte, machten wir das Chaos perfekt. Nach und nach löste sich unser Convoy im dichten Stadtverkehr auf. Wir wünschten uns über Funk noch eine angenehme Weiterfahrt und alles Gute.

Alles Tolle mit der Knolle

Dann und wann werden Ladungen, dem Profit halber, doppelt und dreifach transportiert. Es mag für Außenstehende sinnlos erscheinen, aber bei genauer Betrachtung stellt man fest, dass auf diese Weise das meiste Geld

70

gemacht wird, welches auf den Endverbraucher umgelegt wird. So erinnere ich mich zum Beispiel an zwei Kartoffelfahrten:

Auf einer der beiden Touren führte mich mein Weg aus der Magdeburger Förde an die holländische Nordseeküste. Die Grenze längst hinter mir gelassen, näherte ich mich gegen Nachmittag meinem Bestimmungsort. Nach kurzer Suche im Gewerbegebiet rollte ich auf den Hof des Kartoffelhändlers. Den Kipper abgestellt, begab ich mich zur Warenannahme. Die Rolltore waren unten, und ich musste mit einer kleinen Tür vorlieb nehmen. Es dauerte einen Moment, bis jemand auf mein Klingeln reagierte und mir ein Mitarbeiter öffnete. Er warf einen Blick auf die Papiere und nahm sie an sich: „Warte im Lkw, ich sage dir Bescheid." Gesagt, getan. Wieder im Lkw, schenkte ich mir einen Kaffee ein, zündete eine Zigarette an und wartete und wartete. Nach knapp zwei Stunden kam der Kollege zu mir: „Das wird heute nichts mehr. Du kannst erst morgen abladen." Mich mit der Situation abgefunden, ging ich mir ein wenig die Füße vertreten und ließ den Tag ausklingen. Am nächsten Morgen, etwa gegen 7 Uhr, kamen die ersten Arbeiter zur Schicht. In der Annahme, bald abzuladen, wartete ich darauf, dass ein Rolltor hochfuhr. Doch es tat sich nichts. Gut anderthalb Stunden später kam der Kollege vom Vortag mit den Papieren zu mir: „Hier hast du die Lieferscheine. Deine Ladung geht nach Deutschland." Nun hatte ich holländische Papiere und somit auch ganz offiziell holländische Kartoffeln.

71

Diese Vorgehensweise ist nicht unüblich und wird sehr häufig mit fast jeglicher Art von Fracht durchgeführt.

Etwas Ähnliches zeichnete sich auf einer kuriosen Fahrt innerhalb Deutschlands ab. Bei einem Pfälzer Kartoffel-bauern geladen, sollte meine Fracht für einen Großhändler im Raum Lüneburg bestimmt sein. Am frühen Vormittag des nächsten Tages lag nur noch ein kurzes Stück Land-straße vor mir, bis ich meinen Zielort erreichte. Dort versuchte ich, den Händler ausfindig zu machen. Das Dorf war nicht sehr groß, so dass ich ihn schnell hätte finden müssen. Doch hier schien es nirgendwo einen Kartoffel-handel zu geben. Nachdem ich das Dorf nun fast auswen-dig kannte, stoppte ich, um nach dem Weg zu fragen, an einem Bauernhof, der sich am Ortsende befand. Gerade das Anwesen betreten, eilte mir der Landwirt entgegen. Auf meine Frage nach dem Weg bekam ich die Auskunft: „Ja, da bist du hier richtig. Aber ein Händler bin ich nicht." Der Großhandel entpuppte sich als gewöhnlicher Bauern-hof. Nun denn, er wies mich ein, vor seiner Scheune abzuladen. Den Laster entsprechend angedockt, ließ ich den Kipper langsam Stück für Stück hochfahren. Die Knollen kullerten auf ein Förderband, von dem sie in die Scheune transportiert wurden. Nach einer knappen Stunde war ich leer und bereit für meine Rückladung. Den Lade-auftrag dem Bauern vorgelegt, fuhr dieser per Trecker voraus, bis zur nächsten Scheune hinter seinem Hof. Den Lkw unter ein weiteres Förderband platziert, begann der Bauer diesen mit dem Ackergold zu beladen. Nach einer

72

weiteren Stunde fiel die letzte Knolle auf den Kipper. Den Lieferschein erhalten, warf ich einen ungläubigen Blick auf die Anschrift des Empfängers: Die Kartoffeln waren für ein Unternehmen in der Pfalz bestimmt. Um genau zu sein, für einen Ort, der unweit des Dorfes lag, aus dem ich erst hierher gekommen war.

Der große Held

Wie schon so oft, hatte ich mal wieder eine Tour Papierschnipsel anstehen. Die Ladung bekam ich immer in unserer Firma aufgeladen. Wir hatten eine eigene Lagerhalle, in der sich eine Schredderanlage befand. Die Apparatur diente zur Zerkleinerung von mit PVC verunreinigtem Papierabfall, welchen ich regelmäßig bei einem namhaften Hersteller für Toilettenpapier abholte. Vor die Halle rangiert, schlenderte ich gemächlich zu meinem Kollegen, der in seinem Radlader saß und die Anlage befüllte. Er tat mir richtig leid. Auf Grund eines Arbeitsunfalls war er auf einem Auge erblindet. Dass unser Chef ihn trotzdem auf den Radlader setzte, verstehe ich bis heute nicht. Durch sein eingeschränktes Sichtfeld blieb er ständig irgendwo hängen, und an meinem Kipper hatte er sich auch schon verewigt. Aber wie dem auch sei. Letztendlich begann mein Kollege mit der Beladung. Da er trotz allem seinen Job verstand, dauerte der Vorgang nicht lange, und mein Laster war rasch befüllt. Nachdem die letzte Schaufel auf meine Ladefläche gefallen war, tuckerte er zurück in die

Halle. Unterdessen begann ich mit der Abdeckung des Kippers und zog die Plane drüber. Als ich gerade dabei war, die Spanngurte fest zu zurren, ertönte es aus der Halle: „Hilfe, Hilfe! Feuer, Feuer!" Durch sein begrenztes Blickfeld geriet mein Kollege in Ausnahmesituationen leicht in Panik. Jedoch störte ich mich nicht an seinem Geschrei, da ich wusste, dass er in der freiwilligen Feuerwehr war. Von daher nahm ich es als Scherz auf. Völlig aufgelöst kam er jedoch aus der Halle gerannt: „Schnell, schnell! Komm her, es brennt!" Etwas verwundert sah ich ihn an: „Dann fang doch an zu löschen. Schließlich bist du bei der Feuerwehr!"

„Ich weiß nicht, was ich machen soll! Ich bin doch nur für den Funkverkehr zuständig!" Diese traurige Wahrheit zur Kenntnis genommen, ließ ich alles fallen und lief in die Halle. Ein Förderband stand in Flammen. Geistesgegenwärtig griff ich mir einen der Feuerlöscher, die in direkter Reichweite standen, und löschte den Brand: „Hast du jetzt geseh'n, wie das geht?" Just in diesem Moment klingelte sein Handy. Unser Häuptling war dran. Aufgeregt ließ ihn mein Kollege wissen: „Chef, Chef, stell dir vor, es hat gebrannt! Ich bin gerade mit dem Löschen fertig geworden!" Er war stolz wie Oskar auf seine glorreiche Tat. Lachend begab ich mich wieder nach draußen und zog die übrigen Spanngurte fest. Ich glaube, wäre niemand dabei gewesen, hätte er hilflos zu gesehen, wie die ganze Halle abfackelt.

Den Tod im Gepäck

Mein abscheulichstes Erlebnis hatte ich im nördlichen Niedersachsen, und noch heute denke ich höchst ungern daran zurück. An jenem Tag, es war im Sommer, bekam ich den Auftrag, bei einem Hersteller für „Futtermittel" selbiges zu laden. Den wirklichen Namen des Unternehmens habe ich nie erfahren. Die Anschrift war mit Abkürzungen und verschleierten Ortsbeschreibungen versehen. Ich hatte große Mühe, meine Ladestelle zu finden, die sich weit außerhalb eines kleinen Dorfes am Waldrand befand. Als ich mich meinem Bestimmungsort näherte, stieß mir ein penetranter Gestank von faulem und verbranntem Fleisch entgegen. Ein leichter Schauer lief mir über den Rücken. Das Gelände war eingezäunt und zusätzlich mit Stacheldraht gesichert. An der Zufahrt angekommen, musste ich an einem Schlagbaum stehen bleiben. Der betriebseigene Wachdienst kam zu mir, kontrollierte den Ladeauftrag, behielt meinen Personalausweis ein und warf einen Blick ins Führerhaus. Die Prozedur abgeschlossen und ein striktes Aussteigeverbot erhalten, konnte ich auf das Betriebsgelände fahren, welches mit Kameras übersät war. Es glich einem Hochsicherheitsgefängnis. Eine riesige Halle, aus der ein gewaltiger, rauchender Kamin ragte, stand inmitten des großen Areals. Am hinteren Ende der Halle ragte ein Förderband raus, von dem ein rötlichbraunes Pulver auf einen Lkw verladen wurde. Meinen Kipper abgestellt, blickte ich umher und musste schlucken, als ich erkannte, mich in einer Tierverbrennungsanlage zu befinden. In diesem Moment verging mir alles. Fassungslos starrte ich auf die Halle. Ich brauchte Luft und öffnete mein Fenster. Doch der beißende Gestank drang durch die Kabine wie ein böser Fluch. Aus der Halle konnte ich das hilflose, panische Schreien der Kühe und Schweine hören. Es war entsetzlich. Mir drehte sich der Magen um, und es schnürte mir die Kehle zu. Ich fühlte mich schlecht und kam mir so hilflos vor. Der austretende Rauch aus dem Kamin wurde immer dicker, das Schreien der Tiere intensiver und nahm kein Ende. Ich war den Tränen nah und wäre am liebsten wieder vom Hof gefahren. Doch leider konnte ich mir meine Ladung nicht aussuchen. Schockiert wartete ich ab, bis mir ein Mitarbeiter grünes Licht gab und ich unter das Förderband zum Laden musste. Mich darunter platziert, ließ er das Band an, und das Tiermehl begann auf meinen Laster zu rieseln. Nach einer guten Dreiviertelstunde war der Kipper voll, ich erhielt den Lieferschein, und am Schlagbaum bekam ich meinen Ausweis zurück. Das Gelände wieder verlassen, blieb ich stehen und holte erst mal tief Luft. Nachdem ich nun auch die Plane zugewickelt hatte, begann meine Tour zu einem Großbauern, der das Tiermehl an seine Schweine verfütterte. Ich selbst konnte erst am übernächsten Tag wieder etwas essen. Zu tief saß der Schock. Es dauerte einige Monate, bis ich das erste Mal darüber geredet habe. Seitdem versuche ich dieses schreckliche Erlebnis zu vergessen.

Wie du mir, so ich dir

Hin und wieder kommt es vor, dass man beginnt, am Verstand seiner Mitmenschen zu zweifeln. So auch geschehen in Frankfurt am Main. Im Osthafen angekommen, stellte ich meinen Containerzug vor dem Schrottplatz, auf dem ich abladen sollte, ab. Nur eine kurze, für Lkws freigehaltene Spur stand mir auf der Straße zur Verfügung. Da der Schrottplatz sehr beengt war, mussten die Container auf der Straße getauscht werden. Mal wieder wenig Zeit, eilte ich zur Annahme rüber. Dort angemeldet, machte ich mich daran, den Anhänger abzukuppeln und bereitete mich darauf vor, zu entladen. Ich stellte den Container des Motorwagens ab und nahm den des Anhängers auf. Nachdem ich nun grünes Licht bekommen hatte, fuhr ich auf das Gelände, führte die Verwiegung durch und lenkte den Laster an die vorgesehene Box. Den Container abgekippt, rollte ich wieder über die Waage und verließ das Gelände. Wieder auf der Straße, traute ich meinen Augen nicht. Irgendein selten dämliches Rindvieh hatte seinen Pkw genau hinter meinen Anhänger geparkt. Verärgert stieg ich aus und versuchte den Fahrer ausfindig zu machen. Nach einigen Minuten gab ich jedoch auf. Es war aussichtslos, und ich hatte keine Zeit für diesen Quatsch. Also fuhr ich rückwärts hinter den Pkw und ließ den Container ab. Nun hing das Auto zwischen Anhänger und Container fest. Ich lachte mir ins Fäustchen und freute mich schon auf die Begegnung. Ganz gemächlich und in aller Ruhe machte ich mit meiner Arbeit weiter. Aus

77

irgendeinem Grund hatte ich plötzlich jede Menge Zeit. Die zweite Entladung verlief genauso wie die erste, nur um einiges langsamer. Von der Waage aus warf ich einen Blick zur Straße rüber und sah eine Frau, die wie ein aufgescheuchtes Huhn am Pkw rumtobte. Dieser amüsante Anblick war mir eine Freude, doch längst noch keine Genugtuung. Ich ließ sie daher noch ein Weilchen zappeln. Ein Grinsen im Gesicht, unterhielt ich mich eine Weile mit den Kollegen an der Waage, und auf dem Rückweg verharrte ich noch kurz am Kaffeeautomat. In aller Ruhe ging ich zum Lkw, setzte ich mich in die Kabine, ließ den Motor an und fuhr langsam vom Hof. Am Ort des Geschehens angekommen, rannte die Pkw-Fahrerin laut schreiend und wild gestikulierend auf mich zu: „Was fällt ihnen ein, meinen Pkw zu blockieren! Wo haben Sie denn Ihren Führerschein gemacht?!" Mit ernster Mine stieg ich aus: „Was glauben Sie eigentlich, wer Sie sind! Können Sie keine Verkehrszeichen lesen? Die Spur ist ausschließlich für Lkws! Seien Sie froh, dass ich den Container nicht auf Ihr Auto drauf gestellt hab'!" Hysterisch zickte sie rum: „Das ist eine Frechheit! Ich werde die Polizei rufen!" Diese Aussage kam mir sehr entgegen, und ich reichte ihr mein Handy: „Bitte schön, ich freu' mich!" Nach Luft schnappend blickte mich die Tussi mit großen Augen an. Schließlich machte sie kehrt, stolzierte zu ihrem Pkw und sah mir ungeduldig zu, wie ich in einer Seelenruhe selbigen wieder frei räumte. Vor Wut schäumend stieg sie in ihren BMW und rauschte mit Vollgas davon. Mein Gespann wieder zusammen, ging mir die Situation, über die ich mich teils ärgerte, teils amüsierte, noch eine Weile durch den Kopf, während ich meine neue Ladestelle ansteuerte.

Tierische Irrfahrt

Trockener, warmer Fahrtwind wirbelte Staub hinter mir auf, als ich mittags vom Hof einer Magdeburger Getreidebude rollte. Den Kipper mit Weizen beladen, steuerte ich die Autobahn an. Meine Ladung war noch für den selben Nachmittag in Braunschweig avisiert, und so musste ich Gas geben, um letztlich den anschließenden Ladetermin einzuhalten. Auf der Bahn angekommen, gab ich meinen 460 Pferden die Sporen. Die kurze Strecke war nur mäßig befahren. Gut im Zeitplan, fuhr ich wenig später bei der Getreidemühle vor. Sofort fiel mir der Zustand der Mühle auf. An den Gebäuden hatte der Zahn der Zeit schon seine Spuren hinterlassen, und von Sauberkeit hatte hier wohl auch noch niemand was gehört. Aber das konnte mir egal sein; ich hatte meinen Fahrplan einzuhalten. Es war wenig los, nur drei oder vier Kollegen waren vor mir. „Spätestens in 'ner Stunde bin ich hier weg", rechnete ich durch. In der Wartespur geparkt, ging ich zügig zur Warenannahme und gab die Papiere ab. „Mach schon mal die Plane runter, es kommt sofort jemand 'ne Probe ziehen." Das klang wie Musik in meinen Ohren, meine Rechnung schien aufzugehen. Es ließ nicht lange auf sich warten, bis jemand vorbeikam. Der Mitarbeiter nahm die Probe und begab sich in sein Labor: „Dauert nicht lange, heute geht's schnell."

79

Zuversichtlich wartete ich bei einer Tasse Kaffee ab. Nach über einer Stunde trödelte der Kollege der Qualitätskontrolle auf mich zu: „Es gibt ein Problem. Dein Getreide ist voller Käfer, das Zeug kannst du wieder mitnehmen!" Ungläubig sah ich ihn an: „Äh, ja wie, Käfer. Das meinst du wohl nicht ernst?!"

„Leider doch, hier hast du deine Papiere zurück." Er wandte sich wieder von mir ab und ließ mich mit meinem Glück allein. Leicht angefressen rief ich meinen Chef an und schilderte die Situation. Auf große Begeisterung stieß ich nicht bei ihm: „Das kann doch nicht wahr sein! Ich meld' mich gleich wieder!" Minuten später klingelte er durch und gab mir die Anschrift einer weiteren Getreidemühle, die ganz in der Nähe lag. Mittlerweile später Nachmittag, trudelte ich dort ein. Das Unternehmen schien genauso runtergekommen wie das vorhergehende. Auch hier war von Sauberkeit keine Spur. Wie zuvor erledigte ich die Formalitäten, wickelte die Plane auf, ließ die Probe entnehmen und harrte der Dinge. Meine Hoffnung auf eine schnelle Bearbeitung erfüllte sich leider auch diesmal nicht. Auch hier musste ich den traurigen Tatsachen ins Auge sehen, dass es weit über eine Stunde dauerte, bis ein Mitarbeiter zu mir kam und mir schließlich mitteilte, die Annahme wegen Käferbefall zu verweigern. Hm, warum wunderte mich das nicht?! Kleinlaut machte ich abermals Meldung in der Firma. Erbost wurde meine Neuigkeit aufgenommen, mit der ich zwangsläufig schlechte Laune verbreitete. Na ja, der Zeitplan war im Eimer, die Tour gelaufen und der Tag für die Katz'.

Eine halbe Stunde später beorderte mein Disponent mich nach Hannover zu einem namhaften Unternehmen. Dort angekommen, hatte der Laden schon zu, und so musste ich hier meinen Arbeitstag beenden. Am nächsten Morgen staunte ich nicht schlecht, als ich auf das Gelände fuhr. Alles war tipp topp sauber, gut durchorganisiert und die Anlagen auf dem neuesten Stand. „Oh je, das wird hier garantiert nix", murmelte ich vor mich hin. Doch weit gefehlt. Kaum die übliche Prozedur hinter mir, wurde mein Getreide nach nur 15 Minuten angenommen: „Die Qualität ist in Ordnung. Du kannst abladen." Sehr verwundert darüber, lenkte ich meinen Laster zur Förderanlage und begann mit dem Entladen. Die Redewendung „Es ist nicht alles Gold, was glänzt." traf hier genau ins Schwarze. Man kann es auch „Beschiss am Verbraucher" nennen. Und man darf auch nicht glauben, dass immer „gesund" drin ist, nur weil es drauf steht!

Schöne Bescherung

Winter 2002, das Jahr neigte sich dem Ende zu, und der Kalender zeigte die letzte Woche vor Weihnachten an. Ich befand mich mit meinem Kipper in einer Kläranlage und hatte gerade Klärschlamm geladen. Meine Tour begann an einem späten Montagvormittag im Lahn-Dill-Kreis und sollte mich in den Großraum Berlin führen. Wie schon lange nicht mehr, zeichnete sich dieser Winter sehr kalt ab, und Petrus meinte es nicht gut mit mir. Ich befand mich

81

nur kurze Zeit auf der Autobahn, als es zu schneien anfing. Je näher ich Berlin kam, um so schlechter wurde das Wetter. Die Lkws auf der Piste reihten sich mittlerweile zu einem endlosen Convoy. Die Sicht wurde immer schlechter, und ich kam nur schleppend voran. Als ich mich einem Rasthof näherte, war die Fahrbahn kaum noch zu sehen. Ich haute den Blinker rein und tastete mich vorsichtig auf die rettende Parkstation zu. Notdürftig den Bock abgestellt, griff ich zum Telefon und informierte meinen Chef: „Ich pack' das heute nicht mehr. Hier ist das reinste Schneechaos, und die Bahn ist dicht." Verständnisvoll kam die Reaktion: „Mach dir keinen Stress, bleib da steh'n, bis wieder alles frei ist."

Grübelnd sah ich mir das winterliche Schauspiel eine ganze Weile an. Letztendlich zog ich die Gardinen zu und legte mich in die Koje. Am nächsten Morgen klingelte gegen 3.00 Uhr mein Wecker. Ich zwängte mich aus dem Bett und warf einen Blick nach draußen. Meinen Augen bot sich ein zugeschneiter Rasthof, auf dem nur eine kleine Spur vom Winterdienst geräumt war. Ein Blick zur Fahrbahn rüber zeigte mir jedoch eine freie Straße. Zufrieden stand ich auf und öffnete zur Frischluftzufuhr die Fahrertür. Ein arktischer Wind blies mir entgegen. Erschrocken riss ich die Tür wieder zu und warf einen Blick auf das Thermometer. Stolze minus 14 Grad zeigte es an! Ich startete meinen 40-Tonner und rollte langsam auf die Fahrbahn zu. Die Autobahn war gut geräumt, und ich kam zügig voran. Ein kurzes Stück vor dem Berliner Ring fuhr ich meine Ausfahrt runter und quälte mich über die schlecht geräumte Landstraße, bis ich gegen 7.00 Uhr mein Ziel erreichte. Das eingezäunte Gelände, auf dem sich eine Kompostierungsanlage befand, lag etwas außerhalb des Dorfes. Es war noch keiner da, und so stieg ich aus, sah mich etwas um und stapfte durch den Schnee zum Einfahrtstor. Das daran angebrachte Schild verwies darauf, niemanden mehr antreffen zu können, weil die Belegschaft bereits im Winterurlaub sei. Ich drückte das Tor auf, rangierte meinen Laster auf das Grundstück und platzierte ihn an die vorgegebene Abladebox. Die Heckklappe geöffnet, legte ich den Hebel um, und die Hydraulikzylinder drückten den Kipper nach oben. Doch es tat sich nichts. Mit einer leisen Vorahnung, was mich erwarten würde, stapfte ich nach hinten und betrachtete mir die Ladefläche. Unwillkürlich zog sich ein breites Grinsen über mein Gesicht, und dann musste ich lachen. Ein einziger großer Klumpen Scheiße ragte vor mir auf! Die 30 Kubikmeter Klärschlamm waren festgefroren.

Amüsiert darüber, bewegte ich mich gemächlich zum Führerhaus, setzte mich ins Warme und wartete in Ruhe ab, bis unser Büro um 8.00 Uhr besetzt war. Die Nummer gewählt, meldete sich mein Chef: „Guten Morgen, bist du schon leer?" Als er meine Antwort zur Kenntnis genommen hatte, wurde es für einen Moment still am anderen Ende. Etwas gefrustet meinte er dann: „Guck mal, ob du 'ne Kreuzhacke findest. Vielleicht bekommst du damit was los." Zweifelnd begab ich mich auf die Suche und stapfte über das zugeschneite Gelände. Nach einer guten halben Stunde wurde ich fündig. Wieder am Kipper, begann ich mit dem sinnlosen Unterfangen. Nur vereinzelte Klümpchen rieselten herab. Als mir kalt genug war und der Hunger einsetzte, machte ich es mir wieder in der Kabine gemütlich. Gegen Mittag klingelte ich noch mal bei meinem Häuptling durch: „Na, bist du endlich leer?" kam es optimistisch durch die Strippe. „Ach was, woher denn. Hier sind sogar tagsüber Minustemperaturen. Das kannst du vergessen mit der Hacke!"

„Probier's trotzdem weiter und ruf später noch mal an!" Kurz darauf machte ich mich wieder an die Arbeit. Es war mehr als sinnlos, aber so ging wenigstens die Zeit rum. Gegen 16.00 Uhr setzte die Dämmerung ein, und mein Arbeitstag endete ergebnislos.

Der nächste Tag, es war bereits Mittwoch, verlief nach ähnlichem Schema wie der vorhergehende. Am frühen Nachmittag jedoch kontaktierte mich mein Chef: „Ich hab 'ne beheizte Halle für die Nacht organisiert", frohlockte er und übermittelte mir die Anschrift. Sofort startete ich den Laster und fuhr in die nahegelegene Ortschaft. Die sogenannte Halle stellte sich als Lkw-Werkstatt heraus. Dort angekommen, parkte ich im Hof und begab mich ins Meisterbüro, wo man mich bereits erwartete. Nach einer freundlichen Begrüßung teilte mir der Meister einen Stellplatz zu. Den Bock in die gut beheizte Halle rangiert, begann die Wärme umgehend ihre Wirkung zu tun. Da die Ladung zu tauen anfing, verteilte sich ihr aromatischer

Duft in der ganzen Werkstatt. Rege Empörung machte sich unter den Schlossern breit. Als schließlich der Meister anrückte, war das Drama perfekt: „Sag mal, spinnst du?! Was hast du denn geladen? Das stinkt ja wie Scheiße!" Schmunzelnd erklärte ich: „Das **ist** Scheiße."

„Das kann ja wohl nicht wahr sein, davon hat mir dein Chef nichts gesagt. Morgen früh um 7.00 Uhr verschwindest du wieder von hier!" Am darauf folgenden Morgen stank es bestialisch in der Werkstatt. Als die ersten Schlosser eintrudelten, rissen sie alle Tore auf und erteilten mir den angekündigten Platzverweis. Mit etwas Zuversicht steuerte ich erneut meine Abladestelle an, platzierte den Kipper und ließ ihn abermals hochfahren. Nach langem Ausharren leerte sich mit einem gewaltigen Ruck die Mulde meines Sattelaufliegers. Siehe da, ich hatte es endlich geschafft! Erleichtert machte ich beim Chef Meldung, um die frohe Botschaft zu verkünden. In dem kurzen Gespräch teilte er mir die Anschrift meiner nächsten Ladestelle mit. Nachdem meine Verladung dort beendet war, konnte ich gelassen meine Rückfahrt antreten. Auf meiner Heimreise ließ ich die letzten Tage noch mal Revue passieren und freute mich auf das anstehende Wochenende.

Heißes Eisen

Von dubiosen Machenschaften im Güterverkehr könnte ich sicher noch viel mehr berichten, aber zuviel Wissen kann schädlich sein, wenn man seine Mitmenschen daran teilhaben lässt. Dennoch bin ich der Meinung dass jeder erfahren sollte, mit welchen Mafia-Methoden die Wirtschaft zum Teil am laufen gehalten wird. Um es ein letztes Mal nahe zu bringen, möchte ich gerne von jener Tour berichten, die sich in der Entsorgungs- bzw. Recyclingbranche zutrug.

Gerade hàtte ich die Abfahrtskontrolle beendet, als mein Chef auf dem Platz erschien. Die Woche fing erst an, der Sonntagabend war noch jung, als er mich weg von den Kollegen zu sich an die Seite holte. Er drückte mir einen Umschlag in die Hand: „Du wirst im Laufe der Woche eine Ladung Schrott abholen. Dafür brauchst du diese Unterlagen. Sie sind sehr wichtig! Versteck sie gut! Die Papiere darf niemand seh'n, bevor du nicht geladen hast! Am wenigsten die Polizei!" Mit so einer tollen Botschaft konnte ich es natürlich kaum erwarten, auf Tour zu gehen. Ich nahm den Umschlag, stieg ins Führerhaus und versteckte ihn unter der Matratze meiner Koje. Kurz vor 22.00 Uhr startete ich den Lkw, rollte vom Platz, und meine Arbeitswoche begann. Ein paar ruhige erste Tage verschafften mir ein angenehmes Arbeiten, als Mittwochmorgens das Telefon klingelte. Mein Häuptling war dran: „Moin, wenn du leer bist, fährst du nach Essen. Da bekommst du heut Mittag 'ne Ladung VA-Schrott für Berlin. Wenn du geladen hast, rufst du mich mal an." Die Order entgegengenommen, lief ich pünktlich zur angegebenen Zeit beim Schrotthändler ein. In der Wartespur geparkt,

86

ging ich zum Büro, um meine Verladung anzumelden: „VA für Berlin". „Prima, dass du schon so früh da bist. Kannst sofort reinkommen." Zügig kam ich dem nach und fuhr zur Verwiegung auf die Waage. Auf den mir zugeteilten Platz rangiert, begann der Baggerfahrer mit dem Beladen. Es dauerte nicht lange, bis der Kipper voll war. Ich zog die Plane rüber, versicherte mich noch kurz, kein Metall in den Reifen zu haben und begab mich wieder zur Waage. Im Büro gab mir der Verlademeister dann die Lieferpapiere. Mit allem fertig, verließ ich den Schrottplatz und fuhr ein paar Straßen weiter, um außer Sichtweite zu sein. Halbwegs gut geparkt, tat ich wie beordert. Den Umschlag rausgekramt, griff ich zum Telefon: „Hallo Chef, hab' geladen."

„Gut, in dem Umschlag sind Lieferscheine für deine Ladung. Du fährst damit nach Bremerhaven. Füll die Papiere sorgfältig aus. Die dürfen nicht wissen, dass der Schrott aus Essen kommt!" Die Lieferscheine mit Gewicht, falschem Absender und Entsorgungsnummer ausgefüllt, verließ ich das Industriegebiet und machte mich auf den Weg in Richtung Nordsee. So bekam „Ruhr-Stahl" eine ganz neue Bedeutung. Der eigentliche Auftraggeber und Rechnungsträger ging leer aus.

Schmankerl

Bevor ich mein Leben „auf der Straße" verbrachte, war ich etwa drei Jahre als Monteur tätig. Mein damaliger Aufgabenbereich bestand aus dem Bau von Lärmschutzwänden, vorwiegend an Bahnstrecken, Flughäfen und Autobahnen. Je nach Örtlichkeit und Erfordernis kommen hierbei unterschiedliche Systeme zum Einsatz. An Bahnstrecken werden hauptsächlich Aluminiumelemente eingesetzt, die mit Glaswolle ausgefüllt sind. An Flughäfen hingegen werden ausschließlich Betonteile verwendet und an Autobahnen oft eine Kombination aus beidem. Erdaufschüttungen, die zu einem Wall errichtet werden, bieten ebenfalls einen guten Lärmschutz und werden an unterschiedlichen Orten angewandt. Auf Brücken wiederum kommen einzigst Plexiglasscheiben zum Einsatz. Diese Arbeiten verrichteten wir zumeist in einem Drei-Mann-Team. Wie auf Montage üblich, ist man wie im Fernverkehr die ganze Woche „draußen." Gelegentlich kam es zwar vor, dass wir eine Pension in Anspruch nahmen. In den meisten Fällen hatten wir jedoch als Unterkunft einen Wohnwagen dabei, den wir – soweit möglich – in direkter Baustellennähe aufstellten. Zu dritt darin eingepfercht, kann so etwas schon mal für Spannungen sorgen, aber auch für jede Menge Spaß und Abwechslung. Es war eine chaotische, doch schöne Zeit, an die ich sehr gerne zurück denke. Einige wenige Erinnerungen hieran möchte ich gerne noch als Schmankerl hinzufügen und hoffe, dass Ihnen auch diese Anekdoten gefallen werden.

Öfter mal was Neues

An einem Montagmorgen im Spätherbst (es war so gegen 10.00 Uhr) gelangten wir an unsere Baustelle nahe Saarbrücken. Die Fahrzeuge geparkt, räumten wir erst mal unsere Klamotten sowie die Verpflegung in den Wohnwagen, den wir direkt an der Baustelle aufgestellt hatten. Praktischer ging es eigentlich nicht. Das ortsansässige Bauunternehmen hatte eigens für uns einen Sanitärcontainer aufgestellt und versorgte uns mit Strom und Wasser. Geradezu paradiesisch. Die Sachen verstaut, begaben wir uns an den Bauabschnitt, der in jener Woche anstand. Es ging auf Mittag zu, als der hiesige Polier mit Neuigkeiten auftauchte: „Hallo Jungs, der Container wird übermorgen abgeholt. Den brauchen wir leider auf einer anderen Baustelle." Etwas traurig, den Luxus zu verlieren: „Na ja, so wissen wir zumindest früh genug Bescheid und können uns eine Pension suchen." Die Information zur Kenntnis genommen, beratschlagten wir in der Mittagspause, wo wir unser Quartier suchen sollten. Unsere Überlegungen wurden jedoch nur zwei Stunden später zunichte gemacht, als der Polier erneut auftauchte: „Es hat was sich was geändert. Der Container wird heute schon abgeholt. Tut mir leid." Etwas überrumpelt von der Neuigkeit, mussten wir hilflos zusehen, wie Tieflader und Autokran anrückten, sich an Ort und Stelle platzierten und den Container aufluden. Unsere Situation änderte sich somit binnen weniger Minuten drastisch. Dass wir keine Toilette und Dusche mehr hatten, war noch nicht das Schlimmste. Weil

92

uns aber nun auch Strom und Wasser fehlten, hatten wir infolgedessen keine Heizung mehr, um unseren Wohnwagen warm zu halten. Wenig erfreut über diese Tatsache, machten wir eine Stunde früher Feierabend, um einen warmen Unterschlupf zu finden. Doch nach langem Umherirren mussten wir feststellen, nirgendwo in der Nähe so kurzfristig eine freie Pension zu bekommen. Wir gaben uns daher fürs erste geschlagen und machten das Beste aus unserer misslichen Lage. Abgesehen davon, dass wir uns in der Nacht den Hintern abfroren, verlief auch die Körperpflege notgedrungen etwas spartanischer als üblich. Nach dem Aufstehen begnügten wir uns mit einem der Wasserkanister, die auf der Pritsche des Lkws standen. Unsere morgendlichen Geschäfte verrichteten wir mittels alter Blecheimer zwischen dem Werkzeug in unserem Montagebus. Es war kein Luxus, aber auch kein Weltuntergang. Am Abend fuhren wir zum Duschen an einen Rasthof, der nicht weit entfernt lag. Die ganze Woche lief nach diesem Schema ab, doch nach etlichen Tagen konnten wir eine dauerhafte Bleibe für die nachfolgenden Monate ausfindig machen und verbrachten somit einen angenehmen Winter auf der Baustelle.

Blondes Wunder

Irgendwann im Frühling auf der A5, nahe Kassel. Unsere Baustelle befand sich auf einer Autobahnbrücke, auf der wir bei angenehmem Wetter unserer Arbeit zügig nachkamen. Auf der Brückenkappe montierten wir Stahlpfosten, zwischen die später Plexiglasscheiben eingesetzt werden sollten. Die Pfosten wurden mittels angeschweißter Fußplatten auf dem Beton festgeschraubt und mit einem speziellen Kunststoffmörtel unterfüttert. Von der Brücke aus hatten wir eine gute Aussicht auf einen Kasseler Vorort, zu dem ein kleiner Rad- und Fußweg unter der Brücke hindurch führte, der hin und wieder von vereinzelten Spaziergängern genutzt wurde. So tauchte an diesem Morgen plötzlich ein bildhübsches Wesen hinter der Brücke auf. Eine traumhaft knackige Figur und lange blonde Haare bis zum Hintern. Mmmh, ein sehr appetitlicher Anblick, der uns alle für einen Moment das Arbeiten vergessen ließ. Wie verzaubert schauten wir dem Geschöpf nach. Einer meiner beiden Kollegen pfiff und rief vorwitzig hinterher: „Hey, Schätzchen, hast du heut' Abend schon was vor?" Das „Schätzchen" drehte sich mit amüsiertem Blick um, und wir blickten in ein Männergesicht mit einem dicht gewachsenen Vollbart. Schlagartig fiel uns oben auf der Brücke jegliche Muskulatur aus den Gesichtern. Stumm blickten wir uns an, bis wir nach einem Moment fast gleichzeitig zu grinsen anfingen und uns dann vor Lachen fast in die Hosen machten. Der Kollege, der dem vermeintlichen weiblichen Wesen hinterher gerufen hatte, war natürlich für den Rest des Tages vor unseren spöttischen Bemerkungen nicht mehr sicher...

Jedem Tierchen sein Pläsierchen

Hin und wieder kommt es vor, dass auf einer Baustelle Leiharbeiter benötigt werden. Man kann Glück haben und einen brauchbaren Arbeiter bekommen oder aber Pech haben und den absoluten Fehlgriff erwischen. Auf jener Baustelle, von der ich berichten möchte, trat Letzteres ein. Mittlerweile ging es auf Dienstagmittag zu, als unser eigentlich für Montagmorgen angeforderter Leiharbeiter eintrudelte. „Ach, auch schon da!", begrüßten wir ihn. Relativ gleichgültig meinte er: „Habe ich Baustelle nicht gefunden." Er kam aus Russland. Wir waren sofort im Bilde und hofften aufgrund früher gemachten Erfahrungen, dass er zumindest schon mal ansatzweise etwas von Arbeit gehört hatte. Doch weit gefehlt. Unsere Zuversicht wurde auf eine harte Probe gestellt. Definitiv hatte er keine Lust und stellte sich selten dämlich an. Seine Rechnung ging auf, und die meisten Arbeiten konnten wir schließlich doch alleine machen. Nur einige wenige, leichte Arbeiten ließ er uns glauben, verrichten zu können. Es war ein sehr anstrengender Tag mit ihm, da er sich immer wieder dumm stellte und uns weismachen wollte, kein Deutsch zu verstehen. Nach einem harten Arbeitstag wurde es endlich Abend, so dass wir Schluss machen konnten. Wir hatten unser Quartier in der nahe gelegenen Straßenmeisterei bezogen, wo unser Wohnwagen stand. Unseren hochqualifizierten Leiharbeiter mussten wir, da unsere Behausung kein freies Zimmer mehr hatte, jedoch auch noch irgendwo unterbringen, da auch er von weiter weg kam. Da wir bereits eine gewisse Ortskenntnis hatten, fanden wir für ihn eine nahe gelegenen Pension. Ihn dort abgeliefert, fuhren wir endlich in unser Camp. Wir ließen den Abend mit ein paar Flaschen Bier ausklingen und waren gespannt, was der nächste Tag bereithalten würde. Als dieser schließlich anbrach, gelangten wir wie üblich gegen 7.00 Uhr an unseren Arbeitsplatz. Doch von unserem neuen Top-Mitarbeiter fehlte natürlich jede Spur. Als er nach über einer Stunde noch immer nicht auftauchte, beorderte mich unser Vorarbeiter, ihn herbei zu holen. In der Pension angekommen, begab ich mich in sein Zimmer. Mir stieß eine dicke Wand von penetrantem Kneipendunst entgegen, als ich in den Raum trat. Ich blickte fassungslos umher. Unser Leiharbeiter lag, alle Viere von sich streckend, quer über dem Bett, und um ihn herum waren unzählige leere Bier- und Wodkaflaschen verteilt. Ob hier eine Party gelaufen war, oder ob er sich alleine zugelötet hatte, war nicht genau auszumachen. Verärgert trat ich ihm gegen das Schienbein: „Hey, du Spritkopf, aufsteh'n! Los, komm mit zur Baustelle!" Er hob mit größter Mühe seinen Kopf ein Stück hoch, schielte mich an und lallte irgendwas auf Russisch. Ich merkte gleich, dass es sinnlos war, und ließ ihn in seinem Siff liegen. Wieder zurück auf der Baustelle, schilderte ich die Lage, welche unseren gesamten Zeitplan über den Haufen warf. Sofort machten wir in unserer Firma und der des Leiharbeiters Meldung und bekamen noch am selben Tag einen neuen Arbeiter, mit dem wir sehr zufrieden waren.

96

Der Fluch der sieben Meere

An einem Montagmorgen, wir standen bei den Fahrzeugen in unserer Firma, bekamen wir einen neuen Mitarbeiter zugeteilt, der sich gleich entsprechend vorstellte: „Ich bin zur See gefahren und habe die ganze Welt gesehen. Ich kann und weiß alles." Mein Vorarbeiter und ich blickten uns wenig begeistert, mit großen Augen an. Schließlich meinte er zu mir: „Den kannst du mitnehmen!" Entsetzt meine Reaktion: „Bist du verrückt? Hab' ich dir was getan?" Ein schlechter Traum sollte wahr werden. Und wie befürchtet, mir blieb keine andere Wahl, als den neuen Kollegen, der allwissend zu sein schien, mit zu nehmen. Mein Vorarbeiter fuhr bereits mit dem Montagebus vom Hof, während ich den Seemann in meinen Lkw verwies: „Setz dich rein, wir müssen los!" Die Woche schien einen schlechten Anfang zu nehmen, und ich hatte jetzt schon die Schnauze voll. Nachdem er sich auf dem Beifahrersitz eingefunden hatte, konnte die Fahrt zur etwa 300 Kilometer entfernten Baustelle losgehen, und ich steuerte den Lkw vom Hof. Gerade mal auf die Autobahn aufgefahren, fing er sofort an los zu labern: „Stell dir vor, was *ich* alles kann. Ich kann dies, ich kann das und das Beste ist, ich bin gut. Ich kann einfach alles."

„Wie schön für dich," maulte ich ihn an, „kannst du dann vielleicht auch mal für'n paar Minuten die Klappe halten?!" Nun nahm natürlich das Desaster seinen Lauf: Er empörte sich: „Was fällt dir ein! Hast du keinen Respekt?! Du wirst dich sofort entschuldigen!"

„Den Teufel werd' ich tun! Und jetzt halt einfach mal die Fresse!" Wir mochten uns gleich auf Anhieb, und das Wortgefecht währte die ganze Fahrt über. Meine Laune hatte ihren absoluten Tiefpunkt erreicht, als wir nach gut vier Stunden endlich die Baustelle erreichten. Den Laster am Lagerplatz abgestellt, stieg ich aus, schmiss die Tür zu und lief erst mal ein paar Minuten umher, um frische Luft zu schnappen. Mein Vorarbeiter fing mich ab: „Na, wie ist denn der Neue so?"

„Lass mich bloß zufrieden!" Es dauerte nicht lange, bis auch er in Mitleidenschaft gezogen wurde.

Der restliche Tag verlief sehr nervenaufreibend. Endlich ging es auf 17.00 Uhr zu, und der Feierabend rückte näher. Das Werkzeug zusammen geräumt, bereiteten wir uns auf den Weg ins Camp vor, wo unser Wohnwagen stand. Wir hatten Glück, dass sich unser Lager am örtlichen Gemeindehaus befand, wo wir die sanitären Einrichtungen nutzen konnten. Dort angekommen, genehmigten wir uns erst mal ein Feierabendbier, um den Tag zu verdauen. Den Lkw hatte ich wie immer parallel zum Wohnwagen geparkt, so dass er mit der Rückseite zur Hauswand stand. Noch nie hatte sich jemand daran gestört, dass er so stand, *wie* er stand. Doch unserem Seemann gefiel der Stellplatz nicht, und er war der Meinung, den Lkw umparken zu müssen. Nach einigem Hin und Her willigten wir ein, damit wir unsere Ruhe hatten: „Dann versuch halt eben dein Glück." Da ich ihm nicht traute, fragte ich ihn, ob er Lkw fahren könne. Wie es auch nicht anders sein konnte, fühlte er sich

98

wieder auf den Schlips getreten: „Natürlich kann ich Lkw fahren. Ich hab 'n Schiff gefahren, dann kann ich logischerweise auch Lkw fahren!" Ja, wie konnte ich nur so blind sein und diese Selbstverständlichkeit außer acht lassen! Ich gab ihm die Schlüssel und ging mit ihm nach draußen. Nachdem der Motor lief, begann er mit dem Schaltknüppel rumzurühren: „Wie geht denn der erste Gang rein?"

„Ach, das weißt du nicht? Ich dachte, du kannst alles!" Als wolle er mich fressen, traf mich ein wütender Blick. „Der ist hinten links", erklärte ich, „aber Lkws fährt man im zweiten Gang an, und der ist vorne links neben dem Rückwärtsgang."

„Erzähl mir keinen Quatsch! So einen Blödsinn hab' ich ja noch nie gehört! An meinem Pkw ist das auch nicht so."

„Wenn du meinst. Dann mach doch, was du willst!."

Zurück im Wohnwagen, machte ich mir noch ein Bier auf und lauschte dem krachenden Getriebe. Plötzlich gab es einen lauten, scheppernden Knall. Wie vom Blitz getroffen, liefen mein Vorarbeiter und ich nach draußen, um nachzusehen, was passiert war. Nun, unser Alleskönner hatte den Rückwärtsgang rein gemacht und war gegen die Hauswand geknallt. Der Seemann kleinlaut: „Ich bin von der Kupplung abgerutscht." Das konnte man glauben, oder was wahrscheinlicher war, es bleiben lassen. Der Lkw blieb unversehrt, doch hatte er deutliche Spuren an der Wand des Gemeindehauses hinterlassen. Folglicherweise mussten wir den dortigen Bürgermeister informieren, um den Schaden zu melden. Es war zum Glück nur eine

99

leichte Beschädigung. Nachdem schließlich der halbe Gemeinderat das Malheur begutachtet hatte, konnten wir endlich unseren Feierabend etwas angenervt ausklingen lassen. Unseren Stellplatz durften wir glücklicherweise behalten.

Unverhofft kommt oft

Es fing gerade an zu schneien, als wir Feierabend machten und die Baustelle verließen. Wir waren in Freiburg tätig und trennten ein Wohngebiet von der Autobahn ab. Das Wetter war nicht gerade das Allerbeste, aber dafür war es schließlich auch Winter. Es lagen schon einige Zentimeter, aber immer wieder schickte Petrus Nachschub. Der starke Schneefall erschwerte uns die Fahrt zum Campingplatz, wo unser Wohnwagen stand. Dort endlich angekommen, war der Platz fast ganz zugeschneit. Den Montagebus geparkt, eilten wir in unsere Behausung und wärmten uns erst mal auf. Einer meiner Kollegen schlug vor: „Lasst mich zuerst duschen gehen. Dann kann ich schon mal mit Kochen anfangen, wenn ihr duscht." Wir waren damit einverstanden, und er begab er sich zu den Waschräumen. Während unser Chefkoch der Körperpflege nachging, harrten wir bei einem Feierabendbier auf seine Rückkehr. Es ließ nicht lange auf sich warten, bis er zurückkam.

Als nächstes machte ich mich auf den Weg zu den Sanitäranlagen. Der Schnee hatte sich auf gut 15 cm angehäuft, als

100

ich über den Campingplatz stapfte. Endlich die Kabinen erreicht, bereitete ich mich auf das erholsame Brausebad vor. Die Anlage war schon etwas älter, so dass es vonnöten war, ein Markstück mit sich zu führen, um den Duschautomaten zu speisen. Also warf ich mein Markstück ein, um für einige wenige Minuten Wasser zu haben. Es war ein angenehm wohliges Gefühl, nach einem langen, kalten Arbeitstag durch das warme Wasser ein wenig aufzutauen. Unmittelbar nach dem zweiten Einseifen streikte plötzlich der Automat und drehte mir das Wasser ab: „So eine Scheiße, das kann ja wohl nicht wahr sein!" Leicht angefressen darüber, stieg ich verärgert aus der Duschkabine, fluchte vor mich hin und musste obendrein die Feststellung machen, kein Markstück mehr zu haben. Die frustrierende Wahrheit begreifend, band ich mir ein Handtuch um, und komplett eingeseift stapfte ich voller Groll durch den Schnee zurück zum Wohnwagen. Dort angekommen, riss ich die Tür auf und motzte in den warm beheizten Caravan: „Ich brauch ‘ne Mark!" Sichtlich amüsiert über das Bild, welches sich ihnen bot, kam es mir aus dem Wohnwagen entgegen: „Bleib mal so steh'n, ich hol' den Fotoapparat."

„Du Arschloch, gib mir ‘ne Mark!" war meine liebevolle Erwiderung darauf. Das Geldstück bekommen, eilte ich, mittlerweile etwas angefroren, zurück zum Duschraum. Unter dem heißen Wasser schließlich wieder etwas aufgetaut und in meine Klamotten eingepackt, stapfte ich abermals zurück zum Wohnwagen, wo ich bereits zur Freude aller erwartet wurde. Dieses verhängnisvolle Erlebnis begleitete mich verständlicherweise noch die ganze Woche.

Baustopp

Dass es auf Baustellen nicht ganz ungefährlich ist, sollte jedem Bauarbeiter klar sein. Dennoch gibt es immer wieder Spezialisten, die sich selbst über- und die Risiken ihrer Arbeit unterschätzen. Welchen Ausgang diese Unachtsamkeiten nehmen können, musste ich auf einer Baustelle im Raum Bad Hersfeld erfahren. Unsere Baustelle führte entlang einer Bahnstrecke, die neu erstellt wurde. In der warmen Sommersonne montierten wir entlang der Böschung, die sich über einige hundert Meter unter uns erstreckte, Aluminiumelemente. Wir waren ein sehr gut eingespieltes Team, so dass wir unserer Arbeit zügig nachkamen, und in unserer Kolonne herrschte ein positives Klima mit viel guter Laune. Eben ein ganz normaler, angenehmer Arbeitstag. Plötzlich jedoch hörten wir Sirenen, die immer näher kamen, und es schien, als führten sie direkt zur Baustelle. Durch die Büsche und Sträucher konnten wir schließlich auch Blaulichter flackern sehen. „Was ist denn da vorne los?", meinte einer von uns. Der Ort des Geschehens lag nur ca. 100 Meter hinter uns, so dass wir unsere Arbeit unterbrachen und zurückliefen, um nachzusehen, was passiert war. Das örtliche Bauunternehmen war für die Fertigstellung der künstlich angelegten Böschung zuständig und hatte hierfür einen kleinen Radbagger im Einsatz. Der Abhang war hier ca. 10 Meter tief. Ein düsterer Anblick bot sich unseren Augen. Wir sahen die Böschung runter und starrten wie gebannt auf das Bild, das sich uns zeigte. Mehrere Rettungswagen, Notärzte und die Polizei waren vor Ort. Der Bagger war den Abhang runtergestürzt und hatte sich wohl überschlagen. Hierbei wurde, so erfuhren wir, der Fahrer aus dem Bagger geschleudert und von ihm erdrückt. Die Unglücksstelle glich einem Trümmerfeld. Mir stellten sich bei diesem Anblick alle Nackenhaare hoch. Es dauerte nicht lange, bis die Baustelle von Kripo und Bauaufsichtsbehörde für diesen Tag geschlossen wurde. Ein zwischenzeitlich eingetroffener Rettungshubschrauber sollte den Baggerfahrer in eine Unfallklinik fliegen. Den Flug dorthin hat er jedoch leider nicht überlebt. Das Bauunternehmen wurde abgezogen und durch ein anderes ersetzt. Wie wir einige Tage später erfuhren, hatte der Unfall einen faden Beigeschmack, denn der Baggerfahrer hatte wohl einen Blutalkohol von knapp zwei Promille gehabt.

Im Dunkeln ist (nicht immer) gut munkeln

Ein etwas ekliges Erlebnis hatte ich auf einem Campingplatz im Raum Paderborn. An jenem Tag hatten wir eine neue Baustelle angefangen. Es gab viel zu tun, da noch einige Vermessungen anstanden und wir mit Material angeliefert wurden. Bedingt durch die immense Arbeit hatten wir keine Möglichkeit, bei Tage nach einem Cam-

103

pingplatz zu suchen. Und so mussten wir unser Glück nach Feierabend in der Dunkelheit probieren. Da es mittlerweile Spätherbst war, hatten die meisten Campingplätze schon geschlossen. Es dauerte eine gute Stunde, bis wir nach einigem Umherirren endlich fündig wurden. Nachdem wir einen Stellplatz zugewiesen und die Örtlichkeiten gezeigt bekommen hatten, nahmen wir diese umgehend in Anspruch. Wir waren alle ziemlich fertig und wollten nur noch duschen und ab ins Bett. Die Duschen waren auf dem Außengelände und frei zugänglich, da sie keine Türen hatten. Es wäre nicht weiter schlimm gewesen, hätte das Licht funktioniert. Doch so war es schon etwas abenteuerlich, sich im Dunkeln zurecht zu finden. Nur der Vollmond ließ ein wenig Licht hineinfallen, so dass man zumindest den Eingang fand. Alles Weitere gelang nur durch vorsichtiges Ertasten. Also pirschte ich mich in das dunkle Gemäuer. Immer wieder tastete ich mich vorsichtig weiter nach vorne, bis ich schließlich die Dusche erreichte. Die Wassertemperatur war einigermaßen erträglich. Doch ein ungutes Gefühl im Bauch sagte mir, dass hier irgendwas nicht stimmte. Etwas Merkwürdiges tat sich hier. Aber zu jenem Zeitpunkt befasste ich mich nicht weiter damit. Ich war müde und wollte nur noch ins Bett. Am nächsten Morgen, es war noch dunkel, fuhren wir zur Baustelle. Diesen Tag ließen wir jedoch etwas früher ausklingen, da wir noch Einkäufe für die Woche zu tätigen hatten. Selbige erledigt, kamen wir noch bei Tageslicht zum Campingplatz. „Ich geh' schon mal unter die Dusche", ließ mein Vorarbeiter uns wissen. Es dauerte nur wenige Minuten, als er entsetzt die Wohnwagentür aufriss: „So eine Sauerei, hier bleiben wir nicht!"

„Was ist denn los?", wollte ich wissen. „Guck dir mal die Scheiße an!", erzürnte er sich. Neugierig und nichts ahnend begab ich mich zum Duschraum. Mir blieb die Spucke weg, als ich das Unfassbare erblickte. Abgesehen von einigen Kakerlaken, etlichen Käfern und diversen anderen netten Krabbeltierchen präsentierte der Duschraum mit Vogelkacke verzierte Wände. „Bääh, was für'n Dreckloch!" Leicht angeekelt, hier geduscht zu haben, ging ich wieder zum Wohnwagen. Im Eiltempo hing ich ihn mit einem Kollegen an den Montagebus. Unser Vorarbeiter hatte sich inzwischen zum Wirt begeben, um unser Geld wieder abzuholen. Nachdem auch er zurück war, rauschten wir vom Campingplatz, um einen besseren Standort zu finden, bevor es wieder dunkel wurde.

Das fliegende Meerestier

Mal wieder mit meinem Seemann unterwegs, führten wir eine kleine Zwei-Mann-Baustelle. Er war nun schon eine Weile in unserem Team, und im Großen und Ganzen verstanden wir uns, von einigen obligatorischen Reibereien abgesehen, ganz gut. An jenem Tag kamen wir fast vorbildlich miteinander klar. Doch sollte diese Harmonie noch am selben Abend ein jähes Ende finden. Da auf unserer Baustelle lediglich Reparaturarbeiten auszuführen waren und daher nur eine Woche dafür angesetzt war, hatten wir

105

uns ein Pensionszimmer genommen. So klapperten wir allabendlich die Speiselokale ab, in denen wir unsere Gaumen erfreuen ließen. Für den besagten Abend schlug mein Seemann vor, Griechisch essen zu gehen. Ich hatte keine Einwände und ließ ihn machen. Er hatte sich wohl kürzlich ein neues Hemd gekauft und schwärmte mir die ganze Zeit davon vor: „Guck mal, ich hab' mir ein neues Hemd gekauft. Ist das nicht ein schönes Hemd? Das war ganz teuer. Aber dafür ist es auch wirklich sehr schön."

„Bla, bla", dachte ich mir und meinte: „Ja, ja, ganz toll." Uns rausgeputzt, machten wir uns auf den Weg zum Griechen. Gerade mal 20.00 Uhr, war das Lokal noch nicht sehr voll, als wir eintraten. Der Innenraum war sehr geschmackvoll eingerichtet und, wie es aussah, neu reno- viert. Die Tische und Stühle waren aus Eichenholz, und ebensolche Holzbalken zierten die weißen Wände, die ebenso wie die Decke mit typisch griechischen Accessoires geschmückt waren. Wir setzten uns an einen Tisch, der wie viele andere, an einer Wand platziert und mit künstlichen Blumen dekoriert war. Ein Kellner brachte uns die Speise- karten, die wir sofort durchblätterten. Mein Seemann bestellte sich – wie hätte es auch anders sein können? – eine Fischplatte und als Vorspeise eine Suppe. Ich hinge- gen wollte mir Garnelen mit Tomatensoße gönnen. Die Bestellung aufgegeben, ließen wir uns das zuvor georderte Bier schmecken, während wir auf das Essen warteten. Nach einer Weile wurde uns der Gaumenschmaus serviert. Etwas ungläubig sah ich mir meine Bestellung an, die mehr Ähnlichkeit mit Tomatensoße und Garnelen hatte statt

106

umgekehrt. Nun denn, vorsichtig begab ich mich mit Messer und Gabel ans Werk. Doch da die Garnelen sich noch in den Schalen befanden, stellte sich mein Abendessen als schwieriges Unterfangen dar, während mein Kollege genüsslich seine Suppe schlürfte. Da ich mit dem Besteck nicht weiter kam, musste ich mein Glück mit den Fingern versuchen, und bemühte mich, eine Garnele aus der Tomatensoße zu fischen. Doch auch dies zeigte sich als nur unwesentlich einfacher, da mein Essen sehr glitschig war. Nach einigen akrobatischen Angelversuchen gelang es mir endlich, eine Garnele zu fangen. Gerade hatte ich sie noch in den Fingern, als es plötzlich Flutsch machte, mein Essen quer über den Tisch flog und in die Suppe meines Kollegen platschte. Es kam einer Springflut gleich, als sich die Suppe über dem Tisch verteilte, an die Wand spritzte und sein ach so tolles, neues Hemd einsaute. „Sag mal, bist du bescheuert?! Guck dir mal die Sauerei an! Mein schönes Hemd ist ruiniert. Das bezahlst du mir!" Ich konnte mein Lachen kaum unterdrücken. Es sah aus wie auf einem Schlachtfeld. Der weiß gedeckte Tisch war das wenigste, aber die frisch gestrichene Wand hatte sehr gelitten. Schnell nahm ich die Blumenvase und stellte sie an die Wand, damit der Schandfleck nicht zu sehen war. Etwas verwundert über die verschmutzte Tischdecke, kassierte uns später der Kellner ab, und wir verließen fluchtartig das Lokal. Mein Seemann, der sehr nachtragend war, hielt mir diese Aktion noch zwei oder drei Wochen vor. Sein Hemd jedoch habe ich ihm nicht bezahlt.

107

Für jeden was dabei

Wenn man Woche für Woche zu dritt im Wohnwagen lebt, kann es durchaus lustig zugehen, aber auch schon mal die eine oder andere Krise ausgelöst werden. Privatsphäre gibt es keine, und die Gewohnheiten der Kollegen kennt man bald besser als die der eigenen Frau. Eines Nachts sollte ich für eine ebensolche Krise sorgen. Den Feierabend längst hinter uns gelassen, befanden wir uns auf einer Reintour. Mal in die eine Kneipe rein, mal in den anderen Laden rein und so weiter. Wir hatten am nächsten Tag noch einiges an Arbeit anstehen, und so währte unser Ausflug nicht übermäßig lange. Noch klaren Verstandes kehrten wir, ich glaube gegen 1.00 Uhr, zurück zum Wohnwagen. Ziemlich müde ließen wir uns in die Betten fallen. Der Wohnwagen war in zwei Schlafbereiche abgeteilt. Unser Vorarbeiter und ich hatten die fertigen Betten, während der Kollege sich sein Bett jeden Abend erst noch zusammenbauen musste, indem er den Tisch zusammenklappte und sich dann ausbreiten konnte. Dafür hatte er aber auch die größere Spielwiese, die einem Doppelbett gleich kam. Nachdem sich nun jeder in seinem Schlafgemach eingefunden hatte, zog die Nacht vorüber. Am nächsten Morgen, es war so etwa kurz vor sechs, wurde ich wach und befand mich alleine in unserem „Schlafzimmer". Ich stieg aus meinem Bett, öffnete die Schiebetür zum Wohnraum und stutzte einen Moment, als ich das Bild vor mir sah. Unser Vorarbeiter hatte sich zum Kollegen ins Doppelbett gelegt. Sofort musste ich laut lachen, wodurch

108

die beiden wach wurden: „Wie seid ihr denn drauf, habt ihr was am laufen?"

„Du blödes Arschloch! Ich hab's nicht mehr ausgehalten. Du hast ganz tierische Blähungen gehabt!" Darauf musste ich erst richtig lachen und war nun hellwach. Mein Vorarbeiter, stocksauer, warf mir einige böse Blicke zu: „Wenn du schon so fit bist, könntest du ja mal Kaffee kochen!" Irgendwo tat er mir ja leid, und so tat ich ihm gerne den Gefallen. Nachdem auch er einigermaßen wach war und den ersten Kaffee intus hatte, beruhigte er sich wieder und nahm es schließlich mit Humor.

Auf und davon

Ein amüsant-fragwürdiges Ereignis trug sich auf einer Baustelle in Süddeutschland zu. Die Arbeiten neigten sich dem Ende zu, und es waren nur noch die letzten Feinheiten zu erledigen, die für ein oder zwei Tage der nächsten Woche anstanden. Unser Camp befand sich direkt an der Baustelle, wo wir mit dem Luxus eines Dixi-Toilettenhäuschens ausgestattet waren. Da es nun mittlerweile Freitag war und wir uns auf die Abreise ins Wochenende vorbereiteten, orderten wir für montags die Abholung des Dixi-Häuschens. Nachdem soweit alles geregelt war, traten wir unsere Heimreise an. Wie im Flug verging die Zeit, und es wurde wieder Montag. Vom Betriebsgelände unserer Firma los gefahren, erreichten wir am späten Vormittag die Baustelle. Unsere Sachen in den Wohnwagen geräumt, stellten wir fest, dass unser Klo bereits abgeholt war. Es war nur etwas merkwürdig, dass keine Abholbescheinigung am Wohnwagen hinterlegt war. Aber das störte uns nicht, vielleicht war sie ja vom Wind fortgeweht worden. Wie dem auch sei, wir begannen mit den noch verbliebenen Arbeiten, welche wir am nächsten Morgen abschließen sollten. Unterdessen wurde es Nachmittag, und die Firma Dixi rollte auf die Baustelle: „Hallo, ich soll euer Toilettenhäuschen abholen."

„Da waren deine Kollegen wohl schneller. Das war schon weg, als wir ankamen."

„Schon weg? Das kann nicht sein. Das ist meine Tour. Ich frag mal in unsrer Firma nach." Es dauerte einige Minuten, bis er wieder kam: „Von uns ist noch keiner hier gewesen." Mit einem leichten Schmunzeln sahen wir uns an: „Hm, das hat sich bestimmt jemand am Wochenende mitgenommen."

„Ja, aber wer klaut denn schon ein Scheißhaus?"

„Vielleicht ein Kleingärtner, oder ein Künstler." Diese Frage bereitete dem Dixi-Fahrer starke Kopfschmerzen, während wir uns auf das Köstlichste amüsierten. Nun, schließlich kommt es nicht jeden Tag vor, dass ein Klo geklaut wird. Dieses Ereignis führte jedoch dazu, dass unsere Firma aus Schadensersatzgründen auf keiner Baustelle mehr eine Toilette aufstellen ließ.

Danksagung

Ich danke allen, die mich bei der Erstellung meines Buches unterstützt haben:

Zunächst möchte ich mich bei meinen Eltern bedanken, die von Anfang an von meiner Idee überzeugt waren und mich immer wieder angespornt haben, weiter zu schreiben.

Ein dickes Dankeschön geht an meinen Bruder, der mich beim Schreiben meines Buches computertechnisch unterstützt hat.

Meiner Lektorin Marianne Matheisel (Lektorat Stilblüte), mit der ich eine sehr gute sowie angenehme Zusammenarbeit hatte, ein ganz herzliches Dankeschön.

Danke auch allen Freunden und Bekannten, die mich mit Begeisterung unterstützten.

Vielen Dank ebenso an alle Leser, die dieses Buch gekauft haben.